Constanza Kaliks, Jan Göschel, Peter Selg

Das Schicksalsverständnis in der Anthroposophie, der anthroposophischen Pädagogik und Heilpädagogik

Constanza Kaliks, Jan Göschel, Peter Selg

Das Schicksalsverständnis in der Anthroposophie, der anthroposophischen Pädagogik und Heilpädagogik

Verlag am Goetheanum

edition freie hochschule

Pädagogische Sektion,
Sektion für Heilpädagogik und inklusive soziale Entwicklung
und Allgemeine Anthroposophische Sektion
der Freien Hochschule für Geisteswissenschaft

Der Verlag am Goetheanum im Internet:
www.goetheanum-verlag.ch

Satz: ATHENA Verlagsdienstleistungen, Oberhausen
Umschlag: Wolfram Schildt, Berlin
Druck und Bindung: Custom Printing, Warszawa, Poland

ISBN (Print) 978-3-7235-1776-5
ISBN (E-Book) 978-3-7235-1777-2

Inhalt

Rudolf Steiner, Wandtafelzeichnung vom 4. Juni 1924,
Esoterische Betrachtungen karmischer Zusammenhänge, GA 236,
Rudolf Steiner Archiv, Dornach, Schweiz.

Vorwort

> Und die Art und Weise, wie die Menschen sich aneignen werden [die] Überzeugung von Reinkarnation und Karma, wie sie die Möglichkeit finden werden, den Gedanken von Reinkarnation und Karma in das allgemeine Leben überzuführen, das wird eben dieses moderne Leben von der Gegenwart in die Zukunft hinein im Wesentlichen umgestalten. Es wird ganz neue Lebensformen, ein ganz neues menschliches Zusammenleben schaffen.[1]

Die Konferenz *Das Schicksalsverständnis in der Anthroposophie und die Karma-Vorträge Rudolf Steiners* veranstaltete die Allgemeine Anthroposophische Sektion der Freien Hochschule für Geisteswissenschaft (Goetheanum) im Juni 2023, zur Johannizeit, im Saal der Schreinerei.[2]

In Referaten und Gesprächen, in Arbeitsgruppen und auf künstlerischen Wegen wurde versucht, den komplexen Herausforderungen schrittweise gerecht zu werden, die mit einer modernen und spirituellen Fassung des Schicksalsgedankens verbunden sind. Der Blick richtete sich auf Fragen, Einbrüche und Umbrüche des 20. und 21. Jahrhunderts, auf einzelne Arbeitsfelder, auf die Situation in Indien – zu der Nirmala Diaz, Literaturwissenschaftlerin und seit 2021 Generalsekretärin der Anthroposophischen Gesellschaft in Indien, vortrug –, auf die kultur- und geistesgeschichtliche Entwicklung

---

1 Rudolf Steiner: *Wiederverkörperung und Karma und ihre Bedeutung für die Kultur der Gegenwart.* GA 135. Dornach [4]1989, S. 85.

2 Zu Audios von einzelnen der Vorträge siehe https://allgemeine-sektion.goetheanum.ch/de unter «Aufzeichnungen».

des Schicksalsgedankens, auf die Karma-Kurse Rudolf Steiners von 1924 sowie die Klassenstunden der Freien Hochschule für Geisteswissenschaft.

Rüdiger Grimm, der sich seit Jahrzehnten für die anthroposophisch orientierte Heilpädagogik und Sozialtherapie einsetzt, sprach über die Relevanz eines anthroposophischen Zugangs zur Schicksalsfrage im Bereich der Heilpädagogik und Sozialtherapie. Für die schriftliche Fassung einzelner Tagungsbeiträge in Form des vorliegenden Bandes wünschte er sich, rechtzeitig zur Gründung der eigenständigen zwölften Sektion der Hochschule im Oktober 2024 (Sektion für Heilpädagogik und inklusive soziale Entwicklung), einen Beitrag des neuen Sektionsleiters Dr. phil. Jan Göschel, der zu unserer großen Freude zustande gekommen ist.

Wir hoffen, dass die Tagung und ihre Beiträge der weiteren Arbeit zugutekommen können.

Allgemeine Anthroposophische Sektion
Goetheanum, Dornach, August 2024

Constanza Kaliks

Schicksalsdenken im 20. Jahundert und seine Bedeutung für die Pädagogik

Constanza Kaliks

Das Schicksalsdenken, das von Rudolf Steiner als Kernaufgabe der Anthroposophie beschrieben wurde,[1] stellt große Herausforderungen unterschiedlicher Art. Als Gedanke selbst – wenn er nicht als Glaube aufgefasst wird – und in seinen Implikationen und Konsequenzen.

Inwieweit hat der Schicksalsbegriff nach dem 20. Jahrhundert und all seinen zerstörerischen Erfahrungen der Entmenschlichung noch Bestand? Das von Menschen verursachte Leid, wie es sich in der Geschichte des 20. Jahrhunderts gezeigt hat und im 21. Jahrhundert weiter zeigt, erfordert einen Umgang mit diesem Gedanken, der der Realität des gelebten, individuellen und zeitbedingten Schicksals des Einzelnen entsprechen muss. Es muss ethisch legitim, verantwortbar bleiben, ihn als Annahme aufrechterhalten zu können. Gibt es ein tragfähiges Denken des menschlichen Schicksals in die Zukunft hinein, ein Denken, das das Schicksal weder als bloße Folge bereits feststehender materieller Gegebenheiten noch als rein gläubige Hoffnung in eine nicht denkbare Zukunft hineinsieht?[2] Die Schilderungen Rudolf Steiners liegen zeitlich vor den Zerstörungen, vor den menschenvernich-

---

1 Zu einer sehr knappen Sicht auf Rudolf Steiners Gedanken von Reinkarnation und Karma im Rahmen einer geschichtlichen Betrachtung vgl. Helmut Obst: *Reinkarnation – Weltgeschichte einer Idee*, München 2009, S. 187–193.

2 Vgl. z. B. Jens Heisterkamp: *Karma neu denken*, Frankfurt am Main 2023.

tenden Regimen, die dann kamen. Es scheint mir wichtig, zu sehen, wie sich in der Folge der Gedanke einer bleibenden Verbundenheit mit dem Anderen entwickelt hat, und welche Perspektiven für die Legitimität dieses Gedankens wahrzunehmen sind.

Als der deutsch-jüdische Philosoph Hans Jonas 1961 eingeladen wurde, an der Divinity School in Harvard im Rahmen einer jährlich stattfindenden Vorlesungsreihe zum Thema Unsterblichkeit zu sprechen, entwickelte er Gedanken zu der *Unsterblichkeit und der heutigen Existenz.* «Der heutige Mensch ist dem Gedanken der Unsterblichkeit nicht geneigt», – so beginnt diese in vielerlei Hinsicht bemerkenswerte und auch erschütternde Rede des damals schon berühmten Hans Jonas, der 1949 nach Nordamerika emigrierte. Wenn die Unsterblichkeit auch jenseits logischer Widerlegungs- und Beweismöglichkeiten liegt, so ist die Idee der Unsterblichkeit dennoch zu bedenken, zu erwägen, sie bleibt des Denkens wert: Die Idee der Unsterblichkeit muss jenseits oder «trotz ihrer derzeitigen Verdunkelung» bewegt werden können. Die Prüfung der Idee und ihrer Denkbarkeit ist, so Hans Jonas, eine Prüfung des Menschen selbst.

> Die folgenden Überlegungen gehen von der mir unleugbar scheinenden Tatsache aus, dass der heutige Mensch dem Gedanken der Unsterblichkeit nicht geneigt ist. Dies gilt als Stimmung jenseits der Einwände, die der moderne Verstand aus theoretischen Gründen gegen ihn erhebt. Diese Gründe – die ich der Kürze halber einfach summarisch einräume – sind an sich nicht entscheidend. Als transzendenter ist der Gegenstand der Idee – Unsterblichkeit selbst – jenseits von Widerlegung und Beweis. Aber ist auch *er* kein Gegenstand der Erkenntnis, so ist es doch die Idee von ihm. Daher muss

die innere Bedeutsamkeit ihres Sinnes zum alleinigen Maß ihrer Glaublichkeit werden, und die Resonanz, die solcher Sinn in uns hervorruft, bleibt als einziger Grund möglichen Glaubens, wie denn der Mangel solcher Resonanz gewiss ein zureichender Grund für tatsächlichen Unglauben ist. Nun hängt aber, was sinnvoll sei, jenseits der bloßen Bedingung logischer Widerspruchslosigkeit weithin von der Gesamtdisposition und den Allgemeineinsichten des urteilenden Geistes ab. Daher müssen wir diesen verhören sowohl über seine vorherrschende Ungeneigtheit wie auch über den etwaigen Anhaltspunkt, den die Unsterblichkeitsidee trotz ihrer derzeitigen Verdunkelung immer noch in unserem säkularisierten Stande behaupten oder darin wiedergewinnen mag. Derart wird eine Prüfung des Problems zu dieser Stunde ebenso sehr eine Prüfung des Unsterblichkeitsbegriffs wie unsrer selbst, und sollte sie auch kein neues Licht auf den ersteren werfen, über den in über zweitausend Jahren wahrscheinlich alles gesagt wurde, was überhaupt zu sagen ist, so mag sie doch einiges Licht auf den gegenwärtigen Zustand unserer sterblichen Verfassung werfen.[3]

Und obwohl die Idee der Unsterblichkeit beim zeitgenössischen Geiste ziemlich übereinstimmend und unangefochten «Ungastlichkeit» erfährt, so bietet der moderne Geist ihr dennoch Zulass:

> […] über den weniger bemerkten und weniger merklichen *Zulass*, den der moderne Geist dennoch der Idee

3 Hans Jonas: *Metaphysische und religionsphilosophische Studien. Kritische Gesamtausgabe. Band III/I,* Freiburg i.Br./Berlin/Wien 2014, S. 341 f.

> in einer ihrer möglichen Bedeutungen darbietet, und dies gerade durch seine moderne Wendung tut, werde ich mich ausführlicher äußern. Dieser Zulass indessen wird nur sichtbar vor dem negativen Hintergrund, ohne den der moderne Geist nicht wäre, was er ist.[4]

Die erschütternden Folgen der entmenschlichenden Taten der Shoah erforderten die Infragestellung bisheriger Gewissheiten. Die Sinnlosigkeit des verursachten Leidens hebt die bis dahin erlebten Sinnmöglichkeiten auf. Wer kann dem Leiden des Anderen einen Sinn geben? Kann jedem Leiden ein Sinn zugeschrieben werden? Wann ist eine Sinngebung ethisch verantwortbar? Angesichts der erlebten Wirklichkeit ist die Verantwortung gegenüber der Idee unabdingbar. Eine radikale, vielleicht unerbittliche Verantwortung. Der litauisch-französische Philosoph Emmanuel Levinas spricht von der unausweichlichen Verantwortung gegenüber dem Anderen, der Verantwortung, die dem Menschen seine Menschlichkeit gibt. In seiner Trauerrede für Levinas im Dezember 1995 spricht Jacques Derrida davon, dass Levinas das Thema immer wieder aufgreift, «[...] der Verantwortung, aber einer ‹grenzen-losen› Verantwortung, die über meine Freiheit hinausgeht und ihr voraufgeht, eine des ‹bedingungslosen Ja›»[5]. Das sind radikale Aussagen – Aussagen angesichts der Radikalität der Verbrechen.

Was geschieht angesichts des vollzogenen Leidens, wenn die Annahme oder Idee von Schicksal und Unsterblichkeit als Gedanke, als mögliche Perspektive für den Blick auf das Geflecht des Werdens ernst genommen

4 Ebd., S. 342.

5 Jacques Derrida: *Adieu. Nachruf auf Emmanuel Lévinas*, München 1999, S. 11.

wird? Levinas spricht von einem «sinnlosen Leiden» in der Shoah. In *Zwischen uns – Versuche über das Denken an den Anderen* bespricht er das Leiden aus der Perspektive des Zwischenmenschlichen, dort, wo sich die radikale Verantwortung für den Anderen vollzieht. Am Ende eines Jahrhunderts namenlosen Leidens eröffnet sich eine zwischenmenschliche Perspektive angesichts dieses Leidens:

> In dieser Perspektive entsteht ein radikaler Unterschied zwischen dem *Leiden im Anderen*, wo es *für mich* unverzeihlich ist, mich wachrüttelt und aufruft, und dem Leiden *in mir*, meinem eigenen Leidensabenteuer, dessen konstitutiv oder angeborene Sinnlosigkeit einen Sinn erhalten kann, den einzigen, der dem Leiden zugesprochen werden darf [...]. Aufmerksamkeit auf das Leiden des Anderen, die durch die Grausamkeiten unseres Jahrhunderts hindurch – trotz dieser Grausamkeiten, wegen dieser Grausamkeiten – [...] zum höchsten ethischen Prinzip erhoben werden kann – dem einzigen, das nicht bestritten werden kann – bis sie sogar die Hoffnungen und die praktische Disziplin großer menschlicher Gruppierungen anleiten wird. Aufmerksamkeit und Handeln, die den Menschen – ihrem Ich – auf so gebieterische und direkte Weise obliegen, dass es ihnen nicht ohne abzufallen möglich ist, sie von einem allmächtigen Gott zu erwarten. Gott nähert uns das Bewusstsein dieser Verpflichtung, ohne Möglichkeit, sich zu entziehen, sicher auf viel anstrengendere Weise, aber auch viel spiritueller an, als das Vertrauen in irgendeine Theodizee dies tun könnte.[6]

---

6 Emmanuel Levinas: *Zwischen uns. Versuche über das Denken an den Anderen,* München 1995, S. 120 f. *Theodizee* ist die

Und weiter, zur Infragestellung der Theodizee, die im westlichen Denken sowohl in expliziten wie in impliziten Formen gelebt hat und die Levinas die vielleicht «umwälzendste Tatsache unseres Bewusstseins im 20. Jahrhundert» nennt, zur eingetretenen völligen Zerstörung des Gleichgewichtes jeder Theodizee und zu den Formen, die das Leiden und das Unheil im 20. Jahrhundert annahmen:

> Ein Jahrhundert, das innerhalb von dreißig Jahren zwei Weltkriege, Rechts- und Linkstotalitarismus, Hitlertum und Stalinismus, Hiroshima, den Gulag, die Völkermorde von Auschwitz und Kambodscha erlebt hat. Ein Jahrhundert, das in der Angstvorstellung zu Ende geht, all das könnte sich wiederholen, was diese barbarischen Namen symbolisieren. Leiden und Unheil, durch freien Entschluss herbeigeführt, aber von keiner Vernunft begrenzt, als die Vernunft zum politischen Wüten wurde, das durch keine Ethik mehr gebunden war.
> […] Das krasse Missverhältnis zwischen den Leiden und jeder Theodizee zeigte sich in Auschwitz mit einer Klarheit, die in den Augen – sticht. Dass so etwas möglich war, stellt den jahrtausendalten traditionellen Glauben in Frage.[7]

Frage nach der Rechtfertigung des Leidens in der Welt angesichts eines allmächtigen, allwissenden und gütigen Gottes. Der Begriff geht auf Leibnitz zurück, der ihn im Titel seiner Abhandlung über die Rechtfertigung Gottes verwendet: *Essais de théodicée sur la bonté de dieu, la liberté de l'homme et l'origine du mal.*

7 Emmanuel Levinas: *Zwischen uns. Versuche über das Denken an den Anderen*, München 1995, S. 124 f.

Jede Sinngebung, jeder diesen Verbrechen zugesprochene Sinn ist unakzeptabel. Levinas schreibt:

> Schmerz in seiner unverfälschten Bösartigkeit, Leiden für nichts. Es macht jedes Wort und jeden Gedanken unmöglich und abstoßend, das oder der es aus den Sünden derjenigen, die litten oder starben, erklären wollte. [...] Für jede ethische Sensibilität – die sich inmitten der Unmenschlichkeit unserer Zeit gegen diese Unmenschlichkeit behauptet – ist die Rechtfertigung des Schmerzes des Anderen mit Bestimmtheit der Ursprung aller Unmoral.[8]

Eine ebenso unerbittliche wie bahnbrechende Aussage: «die Rechtfertigung des Schmerzes des Anderen [ist] mit Bestimmtheit der Ursprung aller Unmoral». Der Mensch ist in eine neue Verantwortlichkeit hineingestellt. Die Geschichte des 20. Jahrhunderts ist «eine Geschichte, die noch mehr die Reserven des *Ichs* in jedem mobilisiert und an sein Leiden appelliert, das durch das Leiden des anderen Menschen hervorgerufen wird [...].»[9] Das Zwischenmenschliche ist die Nicht-Indifferenz, der Andere in seinem Leid verpflichtet mich noch vor der Gegenseitigkeit, noch vor jedem Vertrag, noch vor jedem bloßen Austausch – diese Verantwortung ist Hilfe frei von eigenen Interessen, ohne Bedingung auf Gegenseitigkeit, in der Anerkennung der Asymmetrie und der Differenz, die zwischen dem Einem und dem Anderen liegt und die für Levinas die Basis für die Liebe ist.[10]

Ethik: Sie ist vorrangig, sie geht allem Seinsdenken vo-

8 Ebd., S. 126.

9 Ebd., S. 127 f.

10 Vgl. ebd., S. 128 f.

raus – so Levinas in seiner 1982 in Leuven gehaltenen Vorlesung, in der er die Radikalität einer Neuorientierung des Denkens deutlich macht.[11]

Verantworten bis über das eigene Leben hinaus

Die radikale Notwendigkeit einer neuen Verantwortung ist grundlegend im Werk von Hans Jonas. Die Gefährdung des Lebens durch die Technik und der Verlust der Menschlichkeit sind für ihn Tatsachen, die ständige Wachsamkeit und ununterbrochene Sorge erfordern. Das Leben ist verletzlich, es braucht Zuwendung, es braucht Fürsorge und es braucht vor allem Verantwortung – eine Verantwortung, der man nicht ausweichen kann. In seinem Buch *Das Prinzip Verantwortung* schreibt er:

> Auch Ehrfurcht und Schaudern sind wieder zu lernen, dass sie uns vor Irrwegen unserer Macht schützen (zum Beispiel vor Experimenten mit der menschlichen Konstitution). [...] [Wir müssen] zurückgewinnen, die Ehrfurcht für das, was der Mensch war und ist, aus dem Zurückschaudern vor dem, was er werden könnte und uns als diese Möglichkeit aus der vorgedachten Zukunft anstarrt. Die Ehrfurcht allein, indem sie uns ein «Heiliges», das heißt, unter keinen Umständen zu Verletzendes enthüllt [...] wird uns auch davor schützen, um der Zukunft willen die Gegenwart zu schänden, jene um den Preis dieser kaufen zu wollen. So wenig wie die Hoffnung darf auch die Furcht dazu verführen, den eigentlichen Zweck – das Gedeihen des Menschen

---

11 Vgl. Gerhard Weinberger: «Nachwort». In: Emanuel Levinas: *Ethik als Erste Philosophie*, Wien 2022, S. 43 ff.

in unverkümmerter Menschlichkeit – auf später zu verschieben und inzwischen eben diesen Zweck durch die Mittel zuschanden zu machen. [...] Die Hütung des Erbes in seinem «ebenbildlichen» Ansinnen, also negativ auch Behütung vor Degradation, ist Sache jeden Augenblickes; keine Pause darin zu verstecken die beste Garantie der Dauer: sie ist, wenn nicht die Zusicherung, gewiss die Vorbedingung auch künftiger Integrität des «Ebenbildes». Seine Integrität aber ist nichts anderes als das *Offensein* für den immer ungeheuerlichen und zu Demut stimmenden *Anspruch* an seinen immer unzulänglichen Träger. Dies durch die Fährnisse der Zeiten, ja, gegen das eigene Tun des Menschen heil zu erhalten, ist nicht ein utopisches, doch ein gar nicht so bescheidenes Ziel der Verantwortung für die Zukunft des Menschen.[12]

Die Übernahme dieser immerwährenden Verantwortung ist dem Menschen freigestellt; zugleich ist er ihr zutiefst verpflichtet. In dem zuvor erwähnten Vortrag, den Hans Jonas 1961 zum Thema Unsterblichkeit hielt, ist diese Verantwortung gegenüber den Menschen und der Welt ein zentrales Element. Es geht um die Verpflichtung, immer mehr aus dem Bewusstsein heraus zu handeln, dass der Mensch mit den Folgen seines eigenen Handelns verbunden bleibt – und für sie verantwortlich bleibt –, gegebenenfalls weit über das eigene Erdenleben hinaus.

Um sich dem Thema zu nähern, greift Jonas auf die Form des Mythos zurück, auf den Mythos eines Gottes, der auf seine Macht verzichtet, um in das Werden der

12 Hans Jonas: *Das Prinzip Verantwortung. Versuch einer Ethik für die technologische Zivilisation,* Frankfurt am Main 2003, S. 392 f.

Welt eingehen zu können. Mehr als zwei Jahrzehnte später nahm er diesen Mythos in einem Tübinger Festvortrag wieder auf, den er unter dem Titel *Der Gottesbegriff nach Auschwitz – eine jüdische Stimme*[13] *publizierte.*[14]

Durch den Verzicht auf seine Allmacht ist Gott im Mythos auf das Tun des Menschen angewiesen; er ist fortan dem ausgesetzt, was der Mensch vollbringt, d. h. auch der Zerstörung und Vernichtung:

> Wie ist es mit denen, die sich niemals in das Buch des Lebens eintragen konnten, weder mit guten noch bösen Taten, großen oder kleinen, weil ihr Leben abgeschnitten ward, bevor sie ihre Gelegenheit hatten, oder weil ihre Menschlichkeit zerstört wurde, in Erniedrigungen so gründlicher und grausamer Art, wie keine Menschlichkeit sie überstehen kann? Ich denke an die Vergasten und verbrannten Kinder von Auschwitz, an die gesichtslosen entmenschten Gespenster der Läger und dann all die anderen zahllosen Opfer der anderen Massenuntaten unserer Zeit. Bei den Menschen werden ihre Leiden schnell vergessen sein, und ihre Namen noch schneller. Eine andere Gelegenheit ist ihnen nicht gegeben, und die Ewigkeit hat keinen Ersatz für das, was die Zeit versagte. Sind sie also von Unsterblichkeit ausgeschlossen, in die selbst ihre Peiniger und Mörder sich Einlass erzwangen, da sie ja *handeln* konnten – abscheulich zwar, aber zurechenbar und so ihr finsteres Mal auf dem Antlitz der Ewigkeit hinterließen?

---

13 Vgl. Hans Jonas: *Metaphysische und religionsphilosophische Studien. Kritische Gesamtausgabe. Band III/I,* Freiburg i.Br./Berlin/Wien 2014, S. 522 f.

14 Vgl. Peter Selg, Constanza Kaliks: *Widerstand und Verantwortung*, Dornach 2023, S. 424 fff.

Dies zu glauben weigere ich mich. Und dies möchte ich glauben: dass Weinen war in den Höhen über die Verwüstung und Entweihung des Menschenbildes; dass ein Stöhnen dem aufsteigenden Schrei unedlen Leidens antwortete – und Zorn dem entsetzlichen Unrecht, das an der Wirklichkeit und Möglichkeit jeden so frevelhaft hingeopferten Lebens begangen wurde –, jedes von ihnen ein vereitelter Versuch Gottes. «Das Blut deines Bruders schreit zu mir von der Erde»: sollten wir nicht glauben, dass der unermessliche Chor solcher Schreie, der in unserer Lebenszeit aufgestiegen ist, nun wie eine Wolke des Kummers und der Anklage über unsere Welt hängt? Dass die Ewigkeit finster auf uns niederblickt, selber verwundet und verstört in den Tiefen? Und fühlen wir es nicht vielleicht? Wenn die geheime Sympathie, die unser Sein mit dem jenseitigen Zustand verbindet, in beiden Richtungen wirksam ist und nicht nur von uns zu ihm – und wie hätten wir sonst jenes Zeugnis in uns, auf das allein doch unser Argument für die Ewigkeit sich stützen könnte? –, dann wird jener Zustand seinerseits eine Resonanz in dem unsrigen haben, manchmal fühlbar, wenn auch meist nicht gefühlt: und gegenwärtig vielleicht gefühlt in der allgemeinen Malaise, in der tiefen Verstimmung des zeitgenössischen Geistes. Die menschlichen Dinge gedeihen nicht unter unserer Hand. Glück wird unserem Jagen zum Phantom, und Sinn spottet unserer verzweifelten Frage. Es könnte wohl sein, dass über alle vielschichtigen, innerhistorischen Faktoren hinaus auch die Verstörung der transzendenten Ordnung, die die gehäuften Untaten dieser Epoche bewirkt haben, sich uns rückwirkend mitteilt – und so in paradoxer Weise die moderne Stimmung selber die Unsterblichkeit spiegelt, die sie leugnet. Es wäre rechtens – mehr wage ich nicht zu sagen – wenn die Gemordeten diesen Anteil an der Unsterblichkeit hätten und ihretwegen eine grosse Anstrengung von uns Lebenden verlangt wäre, den Schatten von unserer Stirne zu lüften und denen, die nach uns kommen, eine neue Möglichkeit der Seelenheiterkeit dadurch zu verschaffen, dass wir sie der unsichtbaren Welt zurückgeben.

Aber selbst wenn nicht jeder Schatten, so ist gewiss der Schatten der Bombe da, um uns daran zu erinnern, dass das Bild Gottes in Gefahr ist wie nie zuvor, und zwar im unzweideutigsten Erdensinne. Dass hierbei, zusammen mit der zeitlichen, auch eine ewige Sache auf dem Spiel steht – dieser Aspekt unserer Verantwortung kann uns Schutz sein vor der Versuchung fatalistischer Apathie und vor dem schlimmeren Verrat des «Nach uns die Sintflut». In unseren unsicheren Händen halten wir buchstäblich die Zukunft des göttlichen Abenteuers auf Erden, und wir dürfen ihn nicht im Stich lassen, selbst wenn wir uns im Stich lassen wollten. So mögen wir denn, im ungewissen Licht am Ende unserer Wanderung, eine zweifache Verantwortung des Menschen unterscheiden: eine nach Maßgabe weltlicher Kausalität, wonach die Wirkung seiner Tat in eine kürzere oder längere Zukunft geht, in der sie sich schließlich verliert; und zugleich eine andere, nach Maßgabe ihres Einfalls in den ewigen Bereich, worin sie sich niemals verliert. Die eine ist, bei der Begrenztheit unserer Voraussicht und der Komplexität der weltlichen Dinge, in hohem Maß ein Spielball von Zufall und Glück; die andere hat die Sicherheit wissbarer Normen, die nach den Worten der Bibel unserem Herzen nicht fremd sind. Und noch eine dritte Dimension der Verantwortung mag es geben, nämlich nach Maßgabe jener vermuteten, unwägbaren Wechselseitigkeit, mit der die Ewigkeit, ohne in den physischen Lauf der Dinge einzugreifen, ihren inneren Zustand als seelischen Grundton einer ganzen Generation mitteilt, die mit ihr zu leben haben wird. Aber die beiden ersten sind übergenug, um uns zu unserer Aufgabe zu rufen. Obwohl kein ewiges Leben unser wartet, noch eine ewige Wiederkunft des Hier, kann uns doch Unsterblichkeit im Sinne liegen, wenn wir während unserer kurzen Spanne die bedrohten sterblichen Anliegen versehen und dem leidenden unsterblichen Gotte Helfer sind.[15]

Hans Jonas erlaubt sich, Unsterblichkeit als Beitrag des Menschen zum Fortbestand der Welt zu denken – eine Verantwortung, die den Menschen über seinen Tod hinaus mit der Welt und im Mythos auch mit Gott verbindet.

Verbunden bleiben. Versprechen und verzeihen

Auch für Hannah Arendt, die seit ihrer Jugend mit Hans Jonas befreundet war, ist die Fortdauer der Verbindung mit dem Geschehenen ein wichtiger Aspekt der menschlichen Wirklichkeit. Sie selbst schreibt oder spricht nicht von Unsterblichkeit, aber sie denkt die Verflochtenheit der menschlichen Wirklichkeit in einer Form, die die Fortdauer der Verbundenheit als Grundlage des Menschlichen sieht.

Hannah Arendt untersucht die Bedingungen, unter denen das Böse sich entfalten kann. Und sie verfolgt es in den Phänomenen, die sie in totalitären Regimen, im

15 Hans Jonas: *Metaphysische und religionsphilosophische Studien. Kritische Gesamtausgabe. Band III/I,* Freiburg i.Br./Berlin/Wien 2014, S. 363–366.

Krieg und in gesellschaftlichen Entwicklungen beobachtet. Im Wissen um die Macht und Kraft des Bösen fragt sie nach den Perspektiven eines Bestehens des Menschen in seiner Menschlichkeit. Der handelnde Mensch sieht sich mit zwei unausweichlichen Seiten der Wirklichkeit konfrontiert: der Unwiderruflichkeit des Getanen und der Unvorhersehbarkeit der Folgen. Beides – die Unwiderruflichkeit und die Unvorhersehbarkeit – sind Formen des Fortwirkens des Handelns, sind Ausdruck der Verwobenheit des einzelnen Menschen durch das, was er tut, in eine weite Zukunft hinein.

> Der Grund, warum wir unfähig sind, das Resultat und das Ende einer Handlung mit Sicherheit im Voraus zu bestimmen, ist einfach der, dass ein Getanes kein Ende hat. Der durch eine einzige Tat entfesselte Prozess kann buchstäblich in seinen Folgen durch die Jahrhunderte und Jahrtausende dauern […].
> Diese ungeheure Zähigkeit des Getanen, das an Dauerhaftigkeit alle anderen Erzeugnisse von Menschenhand übertrifft, könnte eine Quelle menschlichen Stolzes sein, wenn Menschen imstande wären, diese Last von Unwiderruflichkeit und Unversehrbarkeit, die gerade die eigentliche Kraft des Handelns ausmachen, auf sich zu nehmen. Dass dies nicht möglich ist, hat man immer gewusst. Gewusst, dass kein Mensch, wenn er handelt, wirklich weiß, was er tut. Dass der Handelnde immer schuldig wird; dass er eine Schuld an Folgen auf sich nimmt, die er niemals beabsichtigte oder auch nur absehen konnte; dass, wie verhängnisvoll und unerwartet sich das, was er tat, auch auswirken mag, er niemals im Stande sein wird, es wieder rückgängig zu machen.[16]

16 Hannah Arendt: *Vita activa oder vom tätigen Leben*, München/

Für die schwer zu tragende Tatsache der Unwiderruflichkeit des Getanen ist dem Menschen – so schreibt Hannah Arendt in *Vita activa* (1958 auf Englisch als *The Human Condition*, dann 1960 auf Deutsch) – ein «Heilmittel» gegeben: dieses Heilmittel ist die Kraft zu verzeihen. Gegen die Unvorhersehbarkeit – «und damit gegen die chaotische Ungewissheit alles Zukünftigen»[17] – ist dem Menschen als Heilmittel die Fähigkeit gegeben, Versprechen zu geben und sie zu halten.

> Diese beiden Fähigkeiten gehören zusammen, insofern die eine sich auf die Vergangenheit bezieht und ein Geschehenes rückgängig macht, dessen «Sünde» sonst, dem Schwert des Damokles gleich, über jeder neuen Generation hängen und sie schließlich unter sich begraben müsste; während die andere ein Bevorstehendes wie einen Wegweiser in die Zukunft aufrichtet, in der ohne die bindenden Versprechen, welche wie Inseln der Sicherheit von den Menschen in das drohende Mehr des Ungewissen geworfen werden, noch nicht einmal irgendeine Kontinuität menschlicher Beziehung möglich wäre, von Beständigkeit und Treue ganz zu schweigen.[18]

Die Freiheit und die ihr innewohnende Möglichkeit der Verfehlung ist nur lebbar durch die menschliche Kraft zu verzeihen.

> Nur durch dieses dauernde gegenseitige Sich-Entlasten und Entbinden können Menschen, die mit der Mitgift der Freiheit auf die Welt kommen, auch in der Welt frei

---

Zürich [9]2010, S. 297.

17 Ebd., S. 301.

18 Ebd. S. 301 f.

> bleiben, und nur in dem Maße, in dem sie gewillt sind, ihren Sinn zu ändern und neu anzufangen, werden sie instandgesetzt, ein so ungeheures und ungeheuer gefährliches Vermögen wie das der Freiheit und des Beginnens einigermaßen zu handhaben.[19]

Und dann schreibt Hannah Arendt von der Unvorhersehbarkeit des Handelns und der Macht des Versprechens.

> [Die] Unabsehbarkeit ist dem Medium der Pluralität geschuldet, in dem das Handeln sich bewegt, insofern ja die Folgen einer Tat sich nicht aus der Tat selbst ergeben, sondern aus dem Bezugsgewebe, in welches sie fällt, bzw. aus der Konstellation, in welcher eine Gemeinschaft von Ebenbürtigen, die alle die gleiche Kapazität des Handelns besitzen, gerade zueinander steht. Dass Menschen nicht fähig sind, sich auf sich selbst zu verlassen oder, was auf dasselbe herauskommt, sich selbst vollkommen zu vertrauen, ist der Preis, mit dem sie dafür zahlen, dass sie frei sind. Und dass sie nicht Herr bleiben über das, was Sie tun, dass sie die Folgen nicht kennen und sich auf die Zukunft nicht verlassen können, ist der Preis, den sie dafür zahlen, dass sie mit anderen ihresgleichen zusammen die Welt bewohnen, der Preis, mit anderen Worten, für die Freude, nicht allein zu sein, und für die Gewissheit, dass das Leben mehr ist als nur ein Traum.[20]

Der Mensch ist nicht allein: Die gemeinsam bewohnte Welt ist der Ort des Menschen und seines Menschseins. Im Strom der Zeit gestaltet der Mensch durch sein Han-

19 Ebd. S. 306.
20 Ebd., S. 312.

deln das Werden der Welt, er handelt im Geflecht der gemeinsamen Welt, und dieses Handeln ist tragfähig dank der Kraft seines Verzeihens und der Macht seines Versprechens.

Verantwortlichkeit als Motiv. Schicksal und Freiheit

Verantwortung als Grundlage der bestehenden Menschenverbundenheit ist für Rudolf Steiner ein zentrales Motiv in seinem Schicksals- und Reinkarnationsgedanken.

Diese Themen wurden am Ende des 19. Jahrhunderts in Europa diskutiert, vor allem im Anschluss an Lessing, aber auch, unter anderem, an Schopenhauer und Nietzsche. Die Idee gewann einen größeren Diskursraum und führte in den Kreisen, in denen sie positiv aufgenommen und diskutiert wurde, zu unterschiedlichen Auffassungen und gesellschaftlichen Kontroversen.[21]

Die Genese der Idee ist bei Rudolf Steiner sehr früh zu finden. Im Jahr 1902 erschien in der Theosophischen Gesellschaft die Schrift *Diene dem Ewigen!*[22], redigiert von Wilhelm Hübbe-Schleiden, in der die Idee der Wiederverkörperung und der Entwicklungsweg des Menschen dargestellt wurden. Hübbe-Schleiden und Rudolf Steiner korrespondierten über den Inhalt des Buches und im Laufe dieses regen Briefwechsels schrieb Rudolf Steiner: «Dieser Weg ins spirituelle Reich des Geistes führt heute durch das intellektuelle Reich der Erkennt-

21 Vgl. Robin Schmidt: *Rudolf Steiner und die Anfänge der Theosophie*, Dornach 2010, S. 72 ff.

22 Vgl. *Diene dem Ewigen. Was nützt die Theosophische Gesellschaft ihren Mitgliedern?* Berlin 1902.

nis hindurch.»[23] Im Briefwechsel empfahl Rudolf Steiner Formulierungsvorschläge sowie Ergänzungen und Zitate[24] – er war mit dem Inhalt des Buches,[25] in dem es um «Lessings geistiges Testament» und Kants Argumente für die Unsterblichkeit geht, sehr einverstanden.

In dem Aufsatz *Reinkarnation und Karma, vom Standpunkte der modernen Naturwissenschaft notwendige Vorstellungen*, den Rudolf Steiner in der Zeitschrift Lucifer-Gnosis Oktober/November 1903 publizierte, schrieb er:

> Nun soll man sich aber ja nicht dem Wahn hingeben, die Geisteswissenschaft wolle aus der Naturwissenschaft heraus ihre Wahrheiten *beweisen*. Was betont werden muss, ist vielmehr, dass die Geisteswissenschaft die gleiche *Gesinnung* hat wie die wahre Naturwissenschaft. Der Anthroposoph vollbringt nur für die Gebiete des seelischen Lebens dasselbe, was der Naturforscher für das zu erreichen strebt, was er mit Augen sehen und mit Ohren hören kann. Zwischen echter Naturforschung und Geisteswissenschaft kann kein Widerspruch bestehen.[26]

Nur der hat ein inneres Recht, im Gebiete der äußeren Natur von Entwickelung zu reden, der diese Entwickelung auch im Geistig-Seelischen anerkennt. Es ist nun

---

23 Zit. n. Robin Schmidt: *Rudolf Steiner und die Anfänge der Theosophie*, Dornach 2010, S. 172.

24 Vgl. Christoph Lindenberg: *Rudolf Steiner. Eine Chronik, 1861–1925*, Stuttgart 2010, S. 198 f.

25 Vgl. Robin Schmidt: *Rudolf Steiner und die Anfänge der Theosophie*, Dornach 2010, S. 174.

26 Rudolf Steiner: *Lucifer-Gnosis, 1903–1908. Grundlegende Aufsätze zur Anthroposophie und Berichte aus den Zeitschriften «Luzifer» und «Lucifer-Gnosis»*. GA 34. Dornach ²1987, S. 69.

klar, dass diese Anerkennung, diese Erweiterung des Naturerkennens über die Natur hinaus, mehr ist als bloßes Erkennen. Denn sie wandelt die Erkenntnis in Leben; sie bereichert nicht nur des Menschen Wissen, sondern sie gibt ihm die Kraft, seine Lebenswege zu wandeln. Sie zeigt ihm, woher er kommt und wohin er geht. Und sie wird ihm dieses Woher und Wohin über Geburt und Tod hinaus zeigen, wenn er standhaft die Richtung verfolgt, die ihm die Erkenntnis weist. Von allem, was er tut, weiss er, dass es sich eingliedert in einen Strom, der von Ewigkeit zu Ewigkeit fließt. Immer höher und höher wird der Gesichtspunkt, von dem aus er sein Leben regelt. Wie in einen dumpfen Nebel gehüllt ist der Mensch, bevor er zu dieser Gesinnung kommt, denn er ahnt nichts von seinem wahren Wesen, nichts von dessen Ursprung und seinen Zielen. Er folgt den Antrieben seiner Natur, ohne Einsicht in diese Antriebe zu haben. Er muss sich sagen, dass er vielleicht ganz anderen folgen würde, wenn er seine Wege mit dem Lichte der Erkenntnis beleuchtete. Das Verantwortlichkeitsgefühl gegenüber dem Leben wächst immer mehr unter dem Einfluss solcher Gesinnung. Allein, bildet der Mensch dieses Verantwortlichkeitsgefühl nicht in sich aus, so verleugnet er im höheren Sinne sein Menschentum. Erkenntnis ohne das Ziel der Menschenveredelung ist nur Befriedigung höherer Neugierde. Die Erkenntnis hinauf zu heben zum Erfassen des Geistigen, damit sie die Kraft des ganzen Lebens werde, das ist – im höheren Sinne gefasst – Pflicht. Und Pflicht ist es daher für jeden Menschen, Verständnis zu suchen für das Woher und Wohin der Seele.[27]

---

27 Ebd., S. 89.

Die Perspektiven von Freiheit und Verantwortung sind also von Anfang an grundlegend für Steiners Reinkarnationsbegriff. Die Verbundenheit mit den Taten und ihren Folgen, mit den Menschen und ihren Schicksalen sind für ihn entscheidende Elemente für das Verständnis der wiederholten Erdenleben. 1912 spricht er an verschiedenen Orten über die Bedeutung der Erkenntnis von Reinkarnation und Karma für die Gegenwart. In dem Vortrag, den er am 5. März 1912 in Berlin für die Mitglieder hielt, entfaltete er diese Aspekte:

> Was der Anthroposoph in erster Linie auf seinem Wege findet, wenn er heute ernstlich strebt, das ist die Notwendigkeit der Erkenntnis von Reinkarnation und Karma.[28]

> Was ist es für das ganze menschliche Bewusstsein, für das ganze Fühlen und Denken der menschlichen Seele? – Nichts Geringeres ist es doch, das kann jeder einsehen, wenn er über diese Dinge nachdenkt, als eine Erweiterung des menschlichen Selbstes durch Wissen, durch Erkenntnis über gewisse Grenzen hinaus, die sonst dem Wissen und der Erkenntnis gezogen sind. Denn dass man nur dasjenige wissen und erkennen könne, was eingeschlossen ist zwischen Geburt und Tod, das wurde ja gerade im abgelaufenen Zeitalter mit aller Schärfe betont, und dass man höchstens im Glauben aufschauen könne zu einem, der wissend hineingeht in eine geistige Welt, das war eine immer stärker werdende Überzeugung. Aber die Sache ist

---

28 Rudolf Steiner: *Wiederverkörperung und Karma und ihre Bedeutung für die Kultur der Gegenwart.* GA 135. Dornach [4]1989, S. 48.

nicht von einer so großen Bedeutung, wenn man auf dem Erkenntnisstandpunkt stehenbleibt; sondern von Bedeutung wird sie erst, wenn man vom Erkenntnisstandpunkt übergeht zum moralischen Standpunkt, zum gemüthaft-moralischen Standpunkt. Da erst zeigt sich die ganze Größe und Bedeutung der Ideen von Reinkarnation und Karma.

[...] Wenn der Mensch nun übergeht zur Erkenntnis von Reinkarnation und Karma, wird die Sache ganz anders. Da müssen wir uns klar sein, dass das, was für einen solchen Menschen in seiner Seele lebt, nicht bloß, wenn er durch die Pforte des Todes geschritten ist, eine Bedeutung hat für eine erdentrückte Sphäre, sondern dass von dem, was er erlebt zwischen Geburt und Tod, die Zukunft der Erdengestaltung abhängt. Die Erde wird sozusagen die äußere Konfiguration haben, welche die Menschen ihr geben, die vorher da waren. Der ganze Planet in seiner Zukunftskonfiguration, das Zusammenleben der Menschen in der Zukunft, hängt davon ab, wie die Menschen früher gelebt haben in ihren früheren Verleiblichungen. Das ist das Gemüthaft-Moralische, das sich an diese Ideen anknüpft; so dass ein Mensch, der dies angenommen hat, weiß: Wie ich war in dem Leben, so werde ich wirken auf alles, was in der Zukunft geschieht, auf die ganze Kultur der Zukunft! – Da erweitert sich etwas mit dem Wissen von Reinkarnation und Karma über die Grenzen von Geburt und Tod hinaus, was der Mensch bisher nur in engsten Grenzen kennengelernt hat: das Verantwortlichkeitsgefühl! Da sehen wir herauswachsen ein gesteigertes Verantwortlichkeitsgefühl. Darin prägt sich aus, was als eine tief bedeutsame moralische Folge auftritt von Ideen, wie es Reinkarnation und Karma sind.[29]

Mit der Vorstellung von Reinkarnation und Karma ist eine Erweiterung des Verantwortungsbewusstseins und der Moral verbunden:[30]

> Das Verantwortlichkeitsgefühl, haben wir gesehen, wird hervorsprießen in einer Weise, wie dies früher überhaupt nicht möglich war; und andere moralische Ideen werden sich notwendig dann in einer ähnlichen Weise ergeben wie dieses Verantwortlichkeitsgefühl. Wir werden als Menschen, die unter dem Einfluss der Ideen von Reinkarnation und Karma leben, wissen lernen, dass es sich nicht handeln kann um eine Beurteilung unseres Lebens bloß nach den Voraussetzungen, welche sich zwischen Geburt und Tod ausleben, sondern nach Voraussetzungen, welche über viele, viele Leben hin verbreitet sind.[31]

Der Gedanke der Reinkarnation und des Karma soll nicht für sich allein, als Kunde vom Seelenleben, Bedeutung haben, sondern er soll auch für die anderen Wissenschaften von Bedeutung werden – hier spricht Rudolf Steiner bereits die ethische Dimension dieses Gedankens an, für die die Arbeit in den verschiedenen Bereichen für eine Menschenkunde, eine Erkenntnis des Menschen, notwendig und entscheidend ist:

> Und das wird das Bedeutsame sein für die nächste Ge-

29 Ebd., S. 52 f.

30 Vgl. ebd., S. 57.

31 Ebd., S. 54.

> genwart, dass nicht nur die Seelenwissenschaft eine Beeinflussung erfahren wird durch die Ideen von Reinkarnation und Karma, sondern auch die anderen Wissenschaften.[32]

Rudolf Steiner beendet diesen Vortrag einerseits mit der Aussage, dass es nicht darum gehe, die Anthroposophische Gesellschaft zu einer Glaubensgesellschaft für Reinkarnation und Karma zu machen, und andererseits, dass der Gedanke der Reinkarnation und des Karmas das Entscheidende für die Menschen sei, die sich für Anthroposophie interessieren:

> Selbstverständlich soll damit nicht gesagt sein: Eine anthroposophische Gesellschaft ist die, welche an Reinkarnation und Karma glaubt. Sondern es soll damit gesagt sein: So wie einmal eine Zeit reif geworden ist, um die kopernikanische Weltanschauung aufzunehmen, so ist unsere Zeit reif geworden, die Lehre von Reinkarnation und Karma zum allgemeinen Bewusstsein der Menschheit zu bringen.
> […] Das Annehmen einer höheren Welt als solches ist es eigentlich nicht; sondern das ist es, was die Vorstellungen an Höherem erfahren durch die Voraussetzung der Ideen von Reinkarnation und Karma.[33]

Als Gedanken, nicht als Glaubensinhalte, stellt Rudolf Steiner Reinkarnation und Karma als Beitrag zu einer ethischen Perspektive in den Wissenschaften dar. Nicht als ein Deutungsinstrument, sondern als eine Annahme, die, wenn sie als Gedanke gelebt wird, zu einer Wandlung

32 Ebd., S. 59.

33 Ebd., S. 63.

im Verhältnis zu den Anderen und zur Welt führen kann. Im zweiten Kapitel seines Buches *Theosophie* beschreibt er diese Grundgedanken ausführlich. Dieses Buch – und insbesondere dieses Kapitel – hat Rudolf Steiner wie keine andere seiner Schriften für die Neuauflagen ergänzt und überarbeitet.[34] Die erste Fassung erschien 1904, die sechste im Jahr 1922 (in Gestalt der 19. Auflage). Das Nachvollziehen der Textänderungen erlaubt einen sehr aufschlussreichen Einblick in die Art und Weise, wie Rudolf Steiner den Gedanken als solchen immer wieder neu darzustellen versucht. Als Beispiel sei eine entscheidende Änderung genannt, die in der Umarbeitung von 1918 erfolgt: Der auch in der platonischen Tradition verankerte Begriff der «Ewigkeit» wird durch den Begriff der «Dauer» ersetzt.[35]

Dieses Kapitel beginnt mit der Betrachtung, dass die Seele des Menschen durch die Erinnerung das Gegenwärtige bewahrt und der erlebten Wirklichkeit Dauer verleiht. Aber auch das, was der Mensch tut, seine Handlung, erhält Dauer, sie schreibt sich in die Wirkungen ein, die sie hervorbringt. Diese Dauer durch das Tun ist dem Bewusstsein nicht so deutlich als Vorstellung präsent wie jene Dauer, die man auf Grund erlebter Wahrnehmungen erinnert. Beide sind aber mit dem Ich des Menschen verbunden. Steiner schreibt:

> […] Wird nicht das «Ich» des Menschen mit der in der Welt erfolgten Veränderung durch seine Tat ebenso

---

34 Zu den von Rudolf Steiner vorgenommenen Textänderungen vgl. Daniel Hartmann (Hg.): *Rudolf Steiner. Theosophie. Die Textentwicklung in den Auflagen 1904–1922 in vollständiger Lesefassung*, Basel 2004 und Rudolf Steiner, Christian Clement (Hg.): *Theosophie,* Stuttgart-Bad Cannstatt 2017.

35 Christian Clement, «Einleitung». In: Rudolf Steiner: *Theosophie,* Stuttgart-Bad Cannstatt 2017, S. LXXXIII f.

verbunden wie mit der aus einem Eindruck erfolgenden Erinnerung? Das «Ich» urteilt über neue Eindrücke anders, je nachdem es die eine oder die andere Erinnerung hat oder nicht. Aber es ist auch als «Ich» in eine andere Verbindung zur Welt getreten, je nachdem es die eine oder die andere Tat verrichtet hat oder nicht. [...] Ich bin in meinem Verhältnis zur Welt ein anderer, nachdem ich auf meine Umgebung einen Eindruck gemacht habe.[36]

Die Betrachtung solcher Zusammenhänge führt zu dem, was Rudolf Steiner als Frage ausdrückt: Es könnte sein, dass das Getane und in das Werden des Weltgeschehens Eingegangene mit dem Ich, das die Tat vollbrachte, ebenso verbunden bleibt, wie das Erlebte durch die Erinnerung mit dem Ich in bleibender Beziehung steht.

Könnte es nicht sein, dass die Folgen einer vollbrachten Tat, denen ihr Wesen durch das «Ich» aufgeprägt ist, eine Tendenz erhalten, zu dem Ich wieder hinzuzutreten, wie ein im Gedächtnis bewahrter Eindruck wieder auflebt, wenn sich dazu eine äußere Veranlassung ergibt? Das im Gedächtnis Bewahrte wartet auf eine solche Veranlassung. Könnte nicht das in der Außenwelt mit dem Ich-Charakter Bewahrte ebenso warten, um so von außen an die Menschenseele heranzutreten, wie die Erinnerung von innen an diese Seele bei gegebener Veranlassung herantritt? Hier wird diese Sache nur als Frage hingestellt: denn, gewiss, es könnte sein, dass sich die Veranlassung niemals ergäbe, dass die mit dem Ich-Charakter behafteten Folgen einer Tat die Menschenseele treffen könnten. Aber dass sie als solche

36 Rudolf Steiner: *Theosophie*. GA 9. Basel [33]2013, S. 63.

> vorhanden sind, und dass sie in ihrem Vorhandensein das Verhältnis der Welt zu dem Ich bestimmen, das erscheint sofort als eine mögliche Vorstellung, wenn man, was vorliegt, denkend verfolgt.[37]

Als Frage steht die mögliche Annahme da. Und ob sie auf Wirklichkeit beruht, muss geprüft werden. «Es soll in den nachfolgenden Betrachtungen untersucht werden, ob es im Menschenleben etwas gibt, das von dieser ‹möglichen› Vorstellung aus auf eine Wirklichkeit deutet.»[38] – das ist der Ausgangspunkt für die dann folgenden Beobachtungen.

Über das Erleben der gestaltenden Elemente im Schicksal schreibt Rudolf Steiner 1924/1925 autobiographisch. Er schildert, wie ihm in der Auseinandersetzung mit Goethe der Doppelcharakter des Schicksals deutlich wurde:

> Ich konnte an meinem Verhältnis zur Goethe-Arbeit recht anschaulich beobachten, «wie Karma im Menschenleben wirkt». Das Schicksal setzt sich zusammen aus zwei Tatsachengestaltungen, die im Menschenleben zu einer Einheit zusammenwachsen. Die eine entströmt dem Drange der Seele von innen heraus; die andere tritt von der Außenwelt her an den Menschen heran. Meine eigenen seelischen Triebe gingen nach Anschauung des Geistigen; das äußere Geistesleben der Welt führte die Goethe-Arbeit an mich heran. Ich musste die beiden Strömungen, die in meinem Bewusstsein sich begegneten, in diesem zur Harmonie bringen. – Ich verbrachte die letzten Jahre meines ersten Lebensabschnittes

37 Ebd., S. 64.

38 Ebd.

> damit, mich abwechselnd vor mir selbst und vor Goethe zu rechtfertigen.
> Innerlich erlebt war die Aufgabe, die ich mir in meiner Doktorarbeit stellte: «eine Verständigung des menschlichen Bewusstseins mit sich selbst» herbeizuführen. Denn ich sah, wie der Mensch erst dann verstehen konnte, was die wahre Wirklichkeit in der äußeren Welt ist, wenn er diese wahre Wirklichkeit in sich selbst geschaut hat.
> [...] Dieses Zusammentreffen der wahren Wirklichkeit der äußeren Welt mit der wahren Wirklichkeit im Innern der Seele muss für das erkennende Bewusstsein in emsiger geistiger Innentätigkeit errungen werden; für das wollende und handelnde Bewusstsein ist sie immer dann vorhanden, wenn der Mensch im Tun seine Freiheit empfindet.[39]

Zu dieser doppelten Wirksamkeit des Schicksals kann die Beobachtung des Lebens führen. In der *Theosophie* hatte Rudolf Steiner geschrieben:

> In den Wirkungen seiner Taten lebt des Menschen Seele ein zweites selbständiges Leben weiter. Dies aber kann die Veranlassung dazu geben, das Leben daraufhin anzusehen, wie die Schicksalsvorgänge in dieses Leben eintreten. Etwas «stößt» dem Menschen zu. Er ist wohl zunächst geneigt, ein solch «Zustoßendes» wie ein «zufällig» in sein Leben Eintretendes zu betrachten. Allein er kann gewahr werden, wie er selbst das Ergebnis solcher «Zufälle» ist. [...] [Der Mensch wird] sein «Ich» nicht nur in seinen von «innen» heraus kommenden

39 Rudolf Steiner: *Mein Lebensgang*. GA. 28. Basel [10]2000, S. 177 f.

Entwicklungsimpulsen suchen, sondern in dem, was «von außen» gestaltend in sein Leben eingreift. In dem, was «ihm geschieht», wird er das eigene Ich erkennen. Gibt man sich solch einer Erkenntnis unbefangen hin, dann ist nur ein weiterer Schritt wirklich intimer Beobachtung des Lebens dazu nötig, um in dem, was einem durch gewisse Schicksalserlebnisse zufließt, etwas zu sehen, was das Ich von außen so ergreift, wie die Erinnerung von innen wirkt, um ein vergangenes Erlebnis wieder aufleuchten zu lassen. Man kann sich so geeignet dazu machen, in dem Schicksalserlebnis wahrzunehmen, wie eine frühere Tat der Seele den Weg zu dem Ich nimmt, so wie in der Erinnerung ein früheres Erlebnis den Weg zur Vorstellung nimmt, wenn eine äußere Veranlassung dazu da ist.[40]

Entwicklung des Kindes. Der Wille zur Verbundenheit

In der Pädagogik kann der Schicksalsgedanke zu einer bewussten Umwandlung und Intensivierung der Beziehung zum einzelnen Kind führen: Die Annahme, dass das Kind möglicherweise eine andere und weitere Dimension der Erfahrung mit sich bringt, eine nicht sichtbare, nicht erfassbare Erfahrung, die es begleitet. Diese Annahme kann die Perspektive der eigenen Verantwortung in eine offene, noch unbeschriebene Zukunft hinein erweitern und schärfen.

Die Notwendigkeit eines achtsamen und behutsamen Umgangs mit diesem Gedanken hat Rudolf Steiner auch und ganz ausdrücklich im Zusammenhang mit der Päd-

---

40 Rudolf Steiner: *Theosophie*. GA 9. Basel [33]2013, S. 83 f.

agogik dargestellt.[41] Sorgfalt und Achtsamkeit sind unabdingbar, Achtung und Zurückhaltung gegenüber dem Kind und Jugendlichen sind geboten.

Der pädagogische Impuls Rudolf Steiners beruht auf der Orientierung an der Entwicklung des Kindes. Das bedeutet, dass die Menschenkenntnis, die Menschenkunde grundlegend für das pädagogische Handeln ist. Die Menschenkunde soll ein Okular für das aktive und aufmerksame Sehen, für das Lesen des Kindes sein.[42] «In diesem wunderbarsten Dokument der Welt, im Menschen, soll der Waldorflehrer lesen lernen. Dasjenige, was ihm diese Lektüre gibt, geht über in allen Enthusiasmus für Unterrichten und Erziehen.»[43] Diese menschenkundlichen Betrachtungen enthalten viele Perspektiven auf den werdenden Menschen, und alle weisen auf das zentrale Thema hin, auf das, worauf alle Pädagogik gründet: Auf den Menschen als Wesen, das sich in der Beziehung zu den Anderen und zur Welt als Mensch konstituiert.[44] Die Entwicklungsschritte des Kindes, die Merkmale der Entwicklungsperioden können als Ausdruck eines leitenden Willens zur Verbundenheit gelesen werden.

Das Ich als Instanz der Reziprozität: Rudolf Steiner entwickelt eine Anthropologie, die auf die Gegenseitigkeit als

---

41 Vgl. Rudolf Steiner: *Esoterische Betrachtungen karmischer Zusammenhänge. Erster Band.* GA 235. Dornach [8]1994, S. 75 f.

42 Vgl. u. a. Rudolf Steiner: *Die geistig-seelischen Grundkräfte der Erziehungskunst. Spirituelle Werte in Erziehung und sozialem Leben.* GA 305. Dornach [3]1991, S. 55 ff.

43 Rudolf Steiner: *Geistiges Leben und Erziehung in der Gegenwart.* GA 307. Dornach [5]1986, S. 203.

44 Vgl. Constanza Kaliks: «Zu Relevanz und Folgen einer pädagogischen Menschenkunde». In: Peter Lutzker/Tomáš Zdražil (Hrsg.): *Zugänge zur Allgemeinen Menschenkunde Rudolf Steiners,* Stuttgart 2019, S. 264–274.

Grundelement der menschlichen Konstitution hinweist. Der Mensch wird zum Menschen in der Beziehung zum Anderen und zur Welt. Lernen ist somit eine Gestaltung dieser erhofften, wenn auch unausgesprochen erwarteten, und für die Entwicklung unverzichtbaren Bindung.

Rudolf Steiner weist nachdrücklich auf die Beziehung als entscheidende Grundlage der Pädagogik hin. Eine Sehnsucht nach dem Anderen: In den ersten Lebensjahren erfährt das Kind die stille Erwartung, dass seine Gegenwart gewollt ist. In der Zuwendung erfährt es die Zusicherung, die Bejahung seines Daseins durch die unmittelbare Umgebung. In den ersten Schuljahren bringt das Kind die Erwartung mit, gesehen zu werden – dass es da ist, dass es so ist, während es die Welt immer mehr sehen lernt. Und in der Adoleszenz und ersten Jugendjahren die stille Hoffnung, in der Potentialität erkannt zu werden, in dem, was sich noch nicht zeigt, aber als Möglichkeit und Intention lebt.

In der Pädagogik gilt es, diese verschiedenen Formen der Beziehung, der menschlichen Angewiesenheit zu kennen und zu verstehen, um die Bedingungen für das Wachsen und Lernen gestalten zu können.

Was erzieht, ist die Beziehung, die Verbindung, die zwischen Lehrer und Schüler hergestellt wird: das betont Rudolf Steiner immer wieder, so auch in seinem vorletzten Kurs zur Pädagogik, im Juli 1924 in Arnheim; die Reziprozität als Voraussetzung des Lernens und als menschliche Lebensbedingung wird in vielfältiger Weise thematisiert.[45] Der aufmerksame Blick auf das Kind führt zu einem vertieften, teilnehmenden Erleben, das den päd-

---

45 Vgl. Rudolf Steiner: *Der pädagogische Wert der Menschenerkenntnis und der Kulturwert der Pädagogik.* GA 310. Dornach [4]1989.

agogischen Beruf verändern kann.[46] Reziprozität ist nicht nur im Verhältnis zwischen SchülerInnen und LehrerInnen zu beachten, sie ist auch im LehrerInnen-Kollegium – als «Herz der Schule»[47] – und im Umgang mit dem familiären Umfeld der Kinder und jungen Menschen eine unentbehrliche Arbeitsgrundlage: Das interessierte und aktive Verhältnis mit den Eltern gibt die Gelegenheit, «[...] das, was pädagogisch erreicht werden soll, wirklich herauszuarbeiten aus dem ganzen sozialen Milieu, aus dem es ja auch der Wirklichkeit nach herausstammt.»[48]

Die Verbindung gestaltet sich aus dem, was bewusst gepflegt wird und wirkt in «hunderterlei unsichtbaren Wegen von dem Erzieher, von dem Pädagogen hinüber zu den Kindern»[49], und es wirkt, «wenn der Erzieher tatsächlich eine eindringliche, echte Menschenerkenntnis in seiner Seele trägt, eine Menschenerkenntnis, welche auf dem Übergange zu einem Erleben im Geistigen ist.»[50] Und dieses geistige Anschauen ist «das Sinnliche auf geistige Art sehen und das Geistige auf sinnliche Art».[51]

Rudolf Steiner schildert in den Arnheimer Vorträgen ausführlich seine eigene Erfahrung dieser konkreten, erfahrbaren Gegenseitigkeit, über die er auch in den autobiographischen Aufsätzen der Wochenschrift ausführlich schreibt: Seine Begegnung mit Otto Specht, den er als junger Hauslehrer in Wien unterrichtete.

An dieser Stelle, im Zusammenhang mit Schicksal und wie dieser Gedanke in der Pädagogik gelebt werden

46 Ebd., S. 36.
47 Ebd., S. 86 f und S. 89.
48 Ebd., S. 105.
49 Ebd., S. 123.
50 Ebd.
51 Ebd., S. 125.

kann, möchte ich diese Schilderungen mit einbeziehen. In ihnen wird nachvollziehbar, wie konkret die Schicksalsdimension als das, was in der pädagogischen Begegnung entstehen kann, für Rudolf Steiner selbst war.

Diese Passage beginnt in *Mein Lebensgang* mit der Feststellung: «Auf pädagogischem Gebiete brachte mir das Schicksal eine besondere Aufgabe.»[52] Das zehnjährige Kind bereitete den Eltern große Sorgen; es litt an Hydrozephalie und jede Lernanstrengung «[...] bewirkte Kopfschmerz, Herabstimmung der Lebenstätigkeit, Blasswerden, besorgniserregendes seelisches Verhalten.»[53] Steiner beschreibt, wie er davon überzeugt war, dass das Kind lernfähig sei und über Fähigkeiten verfüge, die bis dahin nicht sichtbar gewesen seien. Aus diesem Vertrauen in die Möglichkeiten des Kindes entwickelte sich eine zugewandte Beziehung, in der sich das Kind wunderbar entfalten konnte.

> Ich war von dem Glauben durchdrungen, dass der Knabe zwar verborgene, aber sogar große geistige Fähigkeiten habe. Das gestaltete mir meine Aufgabe zu einer tief befriedigenden. Ich konnte das Kind bald zu einer liebevollen Anhänglichkeit an mich bringen. Das bewirkte, dass der bloße Verkehr mit demselben die schlummernden Seelenfähigkeiten zum Erwachen brachte.[54]

Entscheidend ist, dass nicht nur Otto Specht durch den Lehrer lernt, sondern dass das Kind es Steiner ermög-

52 Rudolf Steiner: *Mein Lebensgang*. GA 28. Dornach [9]2000, S. 104.

53 Ebd.

54 Ebd., S. 105.

licht, seine pädagogischen Fähigkeiten zu gestalten, zu üben, ja zu erlernen.

> Diese Erziehungsaufgabe wurde für mich eine reiche Quelle des Lernens. Es eröffnete sich mir durch die Lehrpraxis, die ich anzuwenden hatte, ein Einblick in den Zusammenhang zwischen Geistig-Seelischem und Körperlichem im Menschen.[55]

In Arnheim berichtet Rudolf Steiner ausführlich über dieses Erlebnis, das auf die Aussage folgt, dass «das tiefste Interesse und die größte Aufmerksamkeit für den ganzen Menschen»[56] versucht werden müsse. Er beschreibt, wie der Unterricht speziell und sehr genau vorbereitet werden musste, und erzählt, wie das Kind sich entwickeln konnte, das Gymnasium besuchte und schließlich Arzt wurde.[57]

*

Der Auftrag der Pädagogik kann selbst in diesem Raum der Verhältnisbildungen gesehen werden: Als Aufgabe der Gesellschaft gegenüber dem Kind und Jugendlichen steht sie vor allem im Dienst einer gemeinsam bewohnten Welt. Damit ist sie selbst Ausdruck von Schicksal, indem sie sich immer im Raum des Zwischenmenschlichen ereignet und außerhalb dieses Raumes gegenstands- und sinnlos wäre. Mit und für andere lernen, mit und für die

---

55 Ebd.

56 Rudolf Steiner: *Der pädagogische Wert der Menschenerkenntnis und der Kulturwert der Pädagogik.* GA 310. Dornach [4]1989, S. 92.

57 Ebd., S. 92 ff.

Welt sein: das ist das Bildungsideal, dem sich die Pädagogik verpflichtet. «Dadurch allein ist der Mensch ja ein wirklich richtiger Erzogener, dass er seinen Mitmenschen am besten nach seinen Kräften dienen kann. Darauf muss im Grunde genommen jedes Erziehungsideal ausgerichtet sein», formulierte Rudolf Steiner am Ende seines pädagogischen Kurses 1923 im englischen Ilkley.[58]

Im Schicksalsgedanken verweben sich zwei Dimensionen der Zeit: Die der Verbundenheit über die Gegenwart hinaus und die der Verbundenheiten, die aus der Vergangenheit in die Gegenwart wirken. Hans Jonas' Vorschlag, den Gedanken selbst als solches nicht auszuschließen, gerade in einer Zeit, in der Nichtbeweisbares als nicht existent postuliert wird, scheint eine Möglichkeit zu sein, dem Geschehen in der Gegenwart mit wacher, unvoreingenommener und immer erneuter Verantwortung zu begegnen.

---

58 Rudolf Steiner: *Gegenwärtiges Geistesleben und Erziehung.* GA 307. Dornach [5]1986, S. 245.

Zum Umgang mit dem anthroposophischen Verständnis von Reinkarnation und Karma in der Praxis begleitender Berufe

Jan Göschel

Was ist das Problem?

Das Projekt Anthroposophie ist eine Herausforderung für die spätmoderne Gesellschaft, die entweder als rotes Tuch oder als Aufforderung zur Entwicklung gesehen und aufgegriffen werden kann. Die Provokation liegt in der Sache selbst: Die anthroposophische Geisteswissenschaft, wie sie von Rudolf Steiner intendiert und am Anfang des 20. Jahrhunderts initiiert wurde, knüpft an die kulturellen, wissenschaftlichen und gesellschaftlichen Errungenschaften der Moderne, mit ihren Wurzeln in der europäischen Aufklärung, an. Sie erkennt diese als unabdingliche Voraussetzungen für jede weiterführende gesellschaftliche und kulturelle Entwicklung an, positioniert sich damit als modernes Phänomen – und unterzieht die Moderne gleichzeitig einer tiefgreifenden Kritik. Diese doppelwertige Haltung zur Moderne reizt, wie schon seit Anfang an den gegensätzlichen Richtungen deutlich wird, aus denen wiederum das Projekt Anthroposophie kritisiert wird und zum Teil auch polemisch unter Beschuss kommt.

Kritiker der Moderne reiben sich unter anderem an dem hohen Stellenwert, welcher der Freiheit und Autonomie des Individuums, vor allem auch in spirituellen, religiösen und kulturellen Fragen sowie in der moralischen Ausrichtung des eigenen Handelns im Sinne eines ethischen Individualismus aus Sicht des anthroposophischen Menschenverständnisses zugesprochen wird. So stellt die traditionell orientierte katholische *Tagespost* fest, dass die Anthroposophie zwar als «moderne Form der Gnosis» einen positiv zu bewertenden Gegenpol zum modernen Materialismus bilde, dies aber außerhalb des institutionalisierten kirchlichen Lehramts, welches aus katholischer Sicht gegenüber individuell errungenen Anschauungen und Erkenntnissen immer «das letzte Wort» habe. Der Kernpunkt der inhaltlichen Differenz sei dabei das Verständnis von Reinkarnation, welches «den Körper des Menschen zu einem bloßen Durchgangsprovisorium» mache und «der Lehre des Christentums von der Einmaligkeit der menschlichen Existenz in Leib, Geist und Seele» widerspreche.[1]

Der Moderne, ebenso wie der Anthroposophie, gilt das Individuum moralisch als souverän und keinerlei geistiger Autorität unterstehend – weder derjenigen einer irgendwie legitimierten religiösen Institution noch der eines als besonders befähigt angesehenen oder eingeweihten geistigen Lehrers. Indem Rudolf Steiner seine Anschauungen über geistige Zusammenhänge ohne Autoritätsausübung und außerhalb einer institutionalisierten Verwaltung von richtiger und falscher Lehre frei und öffentlich zur Verfügung stellt, bricht er mit den vormodernen Prinzipien eines verantwortlichen Umgangs mit spiritueller Praxis und Lehre. Dieser hat drei wesentliche Merkmale, die sich an der institutionellen Rolle der katholischen Kirche in der vormodernen Gesellschaft erkennen lassen, und die von der Aufklärung abgelehnt werden:

---

1 Stefan Hartmann: «Wie steht der Katholizismus zur Anthroposophie?» In: *Die Tagespost,* 13.4.2023, abgerufen am 3.4.2024 auf: https://www.die-tagespost.de/kultur/feuilleton/wie-steht-der-katholizismus-zur-anthroposophie-art-236880.

- *Das Primat der Offenbarung und des Geistigen:* Der geistig-übersinnliche Aspekt der Wirklichkeit ist substanziell-wesenhaft, und zwar mehr so als der materiell-sinnliche, der sich erst von ihm ableitet. Daher ist es gefährlicher für den Menschen, sich zu diesem geistig-übersinnlichen Aspekt innerlich in ein falsches Verhältnis zu setzen, als zur materiell-sinnlichen Seite des Daseins. Ein Fehler im Verständnis materieller Zusammenhänge kann zwar zu materiellem Schaden führen, betrifft aber letztlich nicht das Seelenheil und die Integrität des übersinnlichen Wesenskerns des Menschen. Dahingegen hat eine nicht wahrheitsgemäße innere Orientierung des Gemüts und des Denkens auf die geistige Wirklichkeit (ein fehlgeleiteter Glaube) Konsequenzen, die weit über die vergängliche äußere Welt hinausgehen. Daher ist es wichtiger, die Menschen vor falschem Glauben und falscher kultischer Praxis zu schützen, als beispielsweise vor einer falschen Behandlung leiblicher Krankheiten oder vor körperlichen Unfällen.

- *Das geistige Autoritätsprinzip:* Da auf die Erkenntnisfähigkeit und das Urteilsvermögen des Einzelnen in Beziehung auf die geistig-übersinnliche Seite des Daseins kein Verlass ist und diese auf rein individuellem Weg nicht ausreichend ausgebildet werden können, bedarf es hierzu einer Institution, die mit entsprechenden Strukturen und Autoritäten ausgestattet ist, um diese Schutzaufgabe innerhalb der Gesellschaft zu übernehmen. Diese Institution vermittelt auf dem Bildungsweg die korrekte, heilbringende Gemütshaltung und die entsprechenden Glaubensinhalte und rituellen Praktiken und schreitet, wenn nötig auch mit hoheitlicher

Gewalt, korrigierend ein.[2] Ihre Vertreter durchlaufen dazu besondere Bildungs- und Einweihungswege, die ihnen innerhalb ihres jeweiligen Amts privilegierte Zugänge zu Erkenntnissen über geistige Zusammenhänge erschließen, die als verlässlich erachtet werden können, solange sie innerhalb des institutionellen Gerüsts gestützt, getragen und reguliert werden.

- *Die institutionelle Einheit von Religion, Kunst und Wissenschaft:* Die drei großen Sphären des Kulturlebens in der Gesellschaft, Religion, Kunst und Wissenschaft, sind nicht unabhängig voneinander, sondern ergänzen sich, indem sie auf verschiedenen Wegen das Verhältnis des Menschen zur geistig-wesenhaften Seite der Welt vermitteln: durch gemeinschaftliches und reguliertes kultisches Handeln und moralische Leitwerte im Sozialen, durch Zugangswege zur Resonanz mit spirituellen Realitäten im ästhetischen Erleben und durch eine Erkenntnis der äußeren und unsicheren Welt, die

---

2 So beschreibt die *Kongregation für die Glaubenslehre* der römisch-katholischen Kirche ihren Ursprung in der Inquisition des 13. Jahrhunderts: «Deren Vorsitzende waren kraft einer ausdrücklichen päpstlichen Vollmacht dazu berufen, über die des Vergehens der Häresie [des Irrglaubens] Angeklagten zu richten und sie gegebenenfalls zu verurteilen. […] Die Vollstreckung der Todesstrafe oblag jedoch der staatlichen Autorität, dem so genannten ‹weltlichen Arm›. In der Tat war die Staatsgewalt im Allgemeinen bereit, bei der Bekämpfung der Häresie mitzuarbeiten, weil der Häretiker als eine Bedrohung auch der gesellschaftlichen Ordnung wahrgenommen wurde.» (Kongregation für die Glaubenslehre: *Den Glauben fördern und bewahren. Vom Heiligen Offizium zur Kongregation für die Glaubenslehre,* 2015, abgerufen am 3.4.2024 auf: https://www.vatican.va/roman_curia/congregations/cfaith/storia/documents/rc_con_cfaith_storia_20150319_promuovere-custodire-fede_ge.html#Ursprung_und_Entwicklung_des_Heiligen_Offiziums).

gesicherte spirituelle Wahrheiten als Korrektiv in sich aufnimmt und sich an ihnen ausrichtet. Auch dies bedarf einer zentralen regulierenden Instanz, in der die überpersönlichen Inhalte des Verhältnisses zwischen Mensch und Kosmos bewahrt, gepflegt und für die Gemeinschaft statthalterisch verwaltet werden können.[3]

Die Aufklärung löst diese drei vormodernen Prinzipien dezidiert auf und setzt an ihre Stelle das moderne Primat des Individuums, mit seinen unveräußerlichen Freiheiten, seiner Würde und seiner Autonomie als kritisch erkennendes, ästhetisch urteilendes und moralisch handelndes Subjekt.[4] Das hat – wenngleich bei verschiedenen Denkern in unterschiedlicher Ausprägung – generell folgende Konsequenzen, die in ihren breiten Zügen als typische Charakteristiken für ein modernes Weltverhältnis gelten können:

- *An die Stelle des Primats des Geistigen tritt das Primat des sinnlich Wahrnehmbaren und Messbaren.* Jegliche Aussagen über übersinnliche geistige Zusammenhänge sind mit Unsicherheit behaftet und daher potenziell als rein spekulativ anzusehen. Sie entziehen sich der intersubjektiven Überprüfbarkeit und müssen daher in eine Sphäre des ‹Glaubens› verlegt werden – jetzt nicht

3 In der Tat lässt sich argumentieren, dass der Begriff der ‹Religion› als eigenständiger Sphäre des Kulturlebens überhaupt erst durch die Trennung dieser drei Sphären in der Moderne eine Bedeutung erhält (vgl. Brent Nongbri: *Before Religion. A History of a Modern Concept*, New Haven, CT 2013).

4 Vgl. William Bristow: «Enlightenment». In: *The Stanford Encyclopedia of Philosophy (Fall 2023 Edition)*. Edward N. Zalta & Uri Nodelman (Hg.), abgerufen am 3.4.2024 auf: https://plato.stanford.edu/archives/fall2023/entries/enlightenment.

mehr im Sinne eines gemüthaften ‹Vertrauens› verstanden, sondern als kognitives ‹Für-Wahr-Halten› von Aussagen über postulierte, aber nicht wahrnehmbare Sachzusammenhänge. Falsche, aber verifizierbare oder falsifizierbare Aussagen gegenüber materiellen Tatsachen können prinzipiell durch Anwendung geeigneter Beobachtungsmethoden und des kritischen Verstandes durch wissenschaftlich geschulte Personen erkannt und korrigiert werden. Geistige Aussagen und die auf ihnen beruhenden Haltungen werden hingegen in die Privatsphäre verbannt, da sie nicht intersubjektiv belastbar sind. Sie können damit auch keine unmittelbare gesellschaftspraktische Relevanz mehr beanspruchen.

- *Das institutionalisierte geistige Autoritätsprinzip wird durch das kritische Urteilsvermögen des Einzelnen abgelöst.* Jeder Mensch gilt als prinzipiell fähig, ein kritisches Denken zu entwickeln, das auf universell verfügbare rationale Prinzipien zurückgreift und ihn dadurch zur Teilnahme am kritischen Diskurs befähigt. Damit hängt Zugang zu Wahrheit nicht mehr von Einbindung in institutionelle Strukturen ab. Stattdessen gelten Argumentationsprinzipien, die voraussetzungslos als in sich schlüssig, kohärent und universell gültig erkannt werden können, und deren Gewicht unabhängig von der Stellung derjenigen Person ist, die sie vertritt. Dieses Bild des Menschen als rationales, kritisch und diskursiv denkendes Subjekt ist auch die Grundlage für die Entwicklung der liberalen Demokratie als einer dem modernen Bewusstsein gemäßen Regierungsform und den Idealen von Freiheit, Gleichheit und Brüderlichkeit als Organisationsprinzipien der modernen Gesellschaft.

- *Religion, Kunst und Wissenschaft werden zu streng getrennten Sphären des Kulturlebens.* Die Religion zieht sich in die Sphäre des Glaubens und der individuellen Moralvorstellungen zurück. Sie wird, wie schon beschrieben, zur Privatangelegenheit des Einzelnen. Religionsgemeinschaften bilden sich nun, wo sie weiter existieren, nurmehr aus den freien Entscheidungen dieser Einzelnen und können nach außen, im öffentlichen Raum, prinzipiell keine außerhalb dieses individuellen Entschlusses liegende Autorität mehr beanspruchen. Dort, wo diese historisch weiter zugestanden wird, geschieht dies im Konflikt mit den strengen Prinzipien der Aufklärung nurmehr in Berufung auf Tradition und die Notwendigkeit einer Kohäsion stiftenden gemeinsamen Leitkultur. Prinzipiell gilt jedoch aus moderner Sicht die individuelle Religionsfreiheit. Auch das ästhetische Urteilsvermögen wird als individuelle Geschmacksfrage aufgefasst, für die es – trotz verschiedener ästhetischer Theorien und Modelle – letztlich keine intersubjektiv verbindlichen Urteilsgrundlagen gibt. Die Ausübung der Kunst ist aus moderner Sicht frei, und jeder Mensch entscheidet nach eigenen Kriterien, welche ästhetischen Maßstäbe für ihn ins Gewicht fallen. Die Wissenschaft ist ebenfalls frei, verfügt aber in der empirischen Beobachtung, dem kritischen Denken und der intersubjektiven Überprüfbarkeit als Anforderung an ihre Aussagen als einzige der drei Sphären über ein Kriterium, von dem sich auch nach modernem Verständnis ein Anspruch auf universelle Gültigkeit ableiten lässt.

In einer modernen Gesellschaft sind Religion und Kunst zwar Bestandteile des bürgerlichen Lebens, aber letztlich Privatsache. Politisches Handeln kann sich nicht durch den Rückgriff auf sie systematisch begründen. Anders ist es mit der Wissenschaft: Sie beansprucht intersubjektive Legitimität, die aber im wissenschaftlichen Prozess immer ein anzustrebendes Desiderat bleibt, nie ein endgültig erreichbarer Zustand. Dieser Anspruch, und die Suggestivkraft der Vorstellung, eine gesicherte universelle Gültigkeit wissenschaftlicher Aussagen sei auf Grund eines so genannten ‹wissenschaftlichen Konsens› tatsächlich verfügbar, machen sie aber zur attraktiven Legitimationsinstanz für politisches Handeln. Die unsachgemäße Vermischung wissenschaftlicher Argumentation und politischen Handelns, die von der liberalen Demokratie zur Technokratie führt, ist eine der Fehlerdiagnosen an der spätmodernen Gesellschaft, auf die der von Rudolf Steiner in den Diskurs eingeführte Gedanke der Dreigliederung des sozialen Organismus[5] klärend zu antworten versucht.[6] Diese Schnittstelle zwischen Wissenschaft, politischem, ethischem und sozialem Handeln ist es, an welcher die Problematik des Umgangs mit dem anthroposophischen Verständnis von Karma und Reinkarnation in der gesellschaftlichen Praxis – und damit innerhalb der Professionalität begleitender Berufe – zu verorten ist.

Grob umrissen lässt sich das Problem nun vorläufig so charakterisieren: Der Karma-Begriff in der Form, wie er in westlichen Gesellschaften seit dem späten 19. Jahrhundert vor allem aus der Begegnung mit älteren, östlichen spirituellen Anschauungen rezipiert wurde, und inzwi-

---

5 Rudolf Steiner: *Die Kernpunkte der sozialen Frage*. GA 23. Basel [7]2022.

6 Rudolf Steiner: *In Ausführung der Dreigliederung des sozialen Organismus (1920)*. GA 23. Basel [7]2022 und *Aufsätze, Aufrufe, Flugschriften zur Dreigliederung (1919–1922)*. GA 24. Basel [3]2023.

schen bis in die globale Popkultur eingeflossen ist, entstammt einem vormodernen Zugang zum Verhältnis von Mensch und Kosmos. Obwohl die zumeist priesterlich vermittelten Philosophien und Theologien, in denen der tradierte östliche Karma-Begriff verankert ist, wesentlich differenzierter sind, fokussiert sich die popularisierte Version, die im allgemeinen Bewusstsein des Westens und der globalen Gesellschaft rezipiert wird, auf der Vorstellung von Strafe und Belohnung für moralisch bewertbare Taten in einem Leben, die sich in Form von entsprechenden Umständen und Schicksalsereignissen in einem späteren Leben niederschlagen. Aus dieser Sicht lassen sich glückliche und unglückliche Bedingungen im Leben eines Menschen als Indizien für dessen eigenes moralisches oder unmoralisches Handeln in der Vergangenheit interpretieren – und in diesem Sinne als ‹eigenes Verschulden› oder als ‹Verdienst› moralisch bewerten.

Karma-Begriff und Gegenwartskultur

Eine Lesart des Karma-Begriffs, die sich aus vormodernen Moralvorstellungen und Konzepten ableitet, ist innerhalb einer modernen Gesellschaft durch die Religionsfreiheit abgedeckt und wird toleriert, solange sie als rein private Überzeugung im Raum von Kunst und Religion gehalten wird. Auch wenn der Karma-Begriff (pop-)künstlerisch zitiert wird, löst er daher kaum noch Widerstand oder Befremden aus. Von John Lennons «Instant Karma's going to get you, Going to knock you right on the head»[7]

7 John Lennon: *Instant Karma!* London 1970, Lyrics abgerufen am 3.4.2024 auf: https://genius.com/John-lennon-and-yoko-ono-instant-karma-lyrics.

über den «Karma payment plan» von Modest Mouse,[8] mittels dessen sich die karmische Schuld in Raten abzahlen lässt, bis zu Taylor Swifts «Karma's on your scent like a bounty hunter, […] Sweet like justice, karma is a queen», aber auch «Karma's a relaxing thought»:[9] die im Kontext der Unterhaltungskultur evozierten Ideen über Karma, Moral, Schuld und Gerechtigkeit werden weitgehend kaum als mehr denn ein ästhetisches Spiel wahrgenommen; sie scheinen ohne weitere Konsequenz und daher, der künstlerischen oder der Narrenfreiheit unterliegend, höchstens als Geschmackssache zu beurteilen.

Die Anthroposophie provoziert hingegen, weil sie ihr eigenes Verständnis von Karma und Reinkarnation erstens als Erkenntniszugang zu einem als real und substanziell betrachteten geistig-übersinnlichen Zusammenhang ernst nimmt, es zweitens als wissenschaftlich deklariert und damit aus dem privaten Bereich in den Kontext der intersubjektiven Belastbarkeit und des Anspruchs auf eine universelle Aussagekraft stellt, und es drittens in die Sphäre professionellen und sozialen Handelns im öffentlichen Raum einbringt. Und sie tut dies nicht als eventuelle Privatmeinung einzelner professionell Handelnder, sondern – zum Beispiel in der anthroposophisch orientierten Heilpädagogik, Sozialpädagogik und sozialen Arbeit – als integraler Bestandteil eines professionellen Konzeptes mit organisierten und institutionalisierten Formen der Zusammenarbeit, die sich explizit auf diesen Ansatz

---

8 Isaac Brock: *The Fruit that Ate Itself*, Olympia, WA 1997, Lyrics abgerufen am 3.4.2024 auf: https://genius.com/Modest-mouse-karmas-payment-lyrics.

9 Taylor Swift, Jack Antonoff, Jahaan Sweet, Keanu Beats: *Karma*, Brooklyn/New York/Los Angeles 2022, Lyrics abgerufen am 3.4.2024 auf: https://genius.com/Taylor-swift-karma-lyrics.

berufen. Da diese Organisationen dabei auch noch Vertragsverhältnisse mit staatlichen Behörden eingehen und ihre professionellen Dienstleistungen aus öffentlichen Mitteln erstatten lassen, erscheint dies aus dem Blickwinkel der Aufklärung und der klassischen Moderne als übergriffig und stellt einen Affront dar. Dies sollte auf dem Hintergrund der oben dargestellten, wesentlichen Errungenschaften der Moderne gegenüber dem vormodernen Verhältnis zwischen Individuum, Staat und Kirche als Träger der kulturellen Sphäre und der sozialen Fürsorge nicht überraschen.

So wundert es auch nicht, dass Stimmen, die sich als VertreterInnen der aufklärerischen Werte einer offenen, liberal-demokratischen, rationalen und wissenschaftlich begründeten Gesellschaftsordnung verstehen, angesichts des wahrgenommenen gesellschaftlichen Einflusses anthroposophischer Organisationen und Dienstleister alarmiert sind und einen Rückfall in ein vormodernes Menschen- und Weltbild vermuten, das den seit mehr als 200 Jahren hart erkämpften Freiheitsrechten, der Menschenwürde und der auf ihr basierenden gesellschaftlichen Solidarität und liberal-demokratischen Grundordnung zuwiderlaufe.[10] Allerdings beruht diese Einschätzung auf einem grundlegenden Missverständnis. Um die Intention Steiners und das Projekt Anthroposophie sachgemäß aufzufassen und einzuordnen, müssen diese in ihrem Verhältnis zur Moderne und zu den vormodernen Weltanschauungen und Gesellschaftsmodellen korrekt verstanden werden.

---

10 Vgl. Anna-Katharina Dehmelt: «Materialismus contra Anthroposophie». In: *Info3 (November 2022)*, abgerufen am 3.4.2024 auf https://info3-verlag.de/zeitschrift-info3/november-2022/materialismus-contra-anthroposophie-wer-ist-rautenberg.

Die Anthroposophie beinhaltet zwar eine tiefgreifende Kritik der Moderne, insbesondere in ihrer spätmodernen Ausprägung, möchte deren Einseitigkeiten aber überwinden, ohne dabei in vormoderne Modelle zurückzufallen. Stattdessen stellt sie die Frage, wie eine Entwicklung der westlichen und der globalen Zivilisation möglich ist, die deren Kernerrungenschaften beibehält, während sie die problematischen Elemente der Moderne, die Anfang des 20. Jahrhunderts unter anderem als Negativfolgen der industriellen Revolution, des Kolonialismus, des ersten industriell geführten Kriegs und in Form vielfältiger sozialer Fragen ins kollektive Bewusstsein rückten, ausgleicht und heilt. Dafür ist es aus anthroposophischer Perspektive notwendig, die spirituelle Dimension des Kulturlebens, die vorübergehend ausgeklammert werden musste, um die emanzipatorischen Aspekte der Moderne zu ermöglichen, wieder in alle Lebensbereiche zu integrieren, jetzt aber in vollem Einklang mit der inzwischen erfolgten Emanzipation des Ich und den Prinzipien der Freiheit, Gleichheit und Brüderlichkeit als Grundpfeiler einer freiheitlichen (und damit auch vielfältigen), gerechten und inklusiven Gesellschaft.

Der Kulturimpuls der Anthroposophie kann bezüglich der drei zuvor für die Vormoderne und die Moderne skizzierten Charakteristiken des Geistes- und Kulturlebens und seiner Rolle innerhalb der Gesellschaft als Vorschlag zu einer Entwicklung in folgende Richtung gelesen werden:

- *Exoterische und esoterische Erkenntnis ergänzen sich und erweitern sich gegenseitig.* Die äußeren Fachwissenschaften, die ihre Erkenntnisse in den verschiedenen Disziplinen durch die jeweils spezifischen Methoden der geschulten Beobachtung, der Hermeneutik und des rationellen Denkens gewinnen, werden auf die Grundlage einer phänomenologischen Erkenntnistheorie gestellt, die auch eine Erweiterung des wissenschaftlichen – das heißt intersubjektiv nachvollziehbaren und belastbaren – Erkenntnisprozesses auf die Dimensionen der kontemplativen und spirituellen Erfahrung ermöglicht. Dadurch lässt sich die Kluft zwischen äußerer Wissenschaft und spirituellem Zugang zum Verhältnis von Mensch und Welt überbrücken und durch eine zur Vertiefung und Erweiterung der modernen Wissenschaften geeignete, transdisziplinäre und kontemplative Geisteswissenschaft integrieren. Diese betrachtet die Erscheinungen, die Gegenstand der Natur-, Sozial- und Kulturwissenschaften sind, und die kontemplativen Anschauungen, die sich aus den kontemplativen Methoden ergeben, als komplementär. Sie sieht materielle und geistige Wirklichkeit als zwei Aspekte eines Kosmos, die gleichermaßen bedeutend sind, und durch deren Erkenntnis sich auch die Perspektive auf die jeweils andere Seite weiterentwickelt.

- *Die souveräne Urteilsfähigkeit des Individuums wird über den kritischen Verstand und sinnlich wahrnehmbare Tatsachen hinaus auch auf das Feld der spirituellen Erfahrungen und der auf diesen basierenden Erkenntnisprozessen anerkannt.* Jeder erwachsene Mensch ist für seine eigene geistige Entwicklung und seine Haltung zu den Fragen, die sich aus jener ergeben, vollumfänglich selbst verantwortlich und unterliegt keiner anderen Autorität. Er kann sich zwar von anderen aus freien Stücken Ideen, Anregungen, Anleitungen und Einschätzungen zu Themen der spirituellen Praxis und zu Erkenntnis- und Verständnisfragen einholen, die sich auf die inneren, nicht sinnlich wahrnehmbaren Aspekte des Daseins beziehen. Er gibt aber dadurch nicht seine Eigenverantwortlichkeit ab und muss alles, was er aufnimmt, selbst evaluieren. Aus anthroposophisch-geisteswissenschaftlicher Sicht setzt dabei die Urteilsfähigkeit zu spirituellen Fragen nicht die gleichen Fähigkeiten voraus, die notwendig sind, um geistige Zusammenhänge selbst wahrzunehmen, zu erforschen und neu zu beschreiben. Es ist lediglich eine Erweiterung des allgemeinen Urteilsvermögens notwendig, das auch in der Beurteilung von sinnlich wahrnehmbaren Zusammenhängen Anwendung findet. Dass dieses in beiden Bereichen nicht fehlerfrei ist, und auch geschult und entwickelt werden kann, wird dabei vorausgesetzt. Durch diese Erweiterung werden spirituelle, esoterische und übersinnliche Thematiken aus der Sphäre des privaten Glaubens wieder in einen intersubjektiven Diskursraum einbezogen, in dem Aussagen sich universell verfügbaren Belastungskriterien unterstellen und prinzipiell prüf- und befragbar werden. Wird dies als intentionaler und diszipliniert geregelter Prozess gefasst, entsteht daraus eine esoterisch-kontemplative, transdisziplinäre Geisteswissenschaft, die im öffentlichen Raum steht, ohne durch eine institutionalisierte Lehrhoheit kontrolliert zu werden. Jede Lehre muss sich in diesem Raum selbst behaupten.

- *Die spirituelle Erweiterung und Vertiefung der Wissenschaft ermöglicht und fordert, dass die in der Moderne getrennten Sphären von Religion, Kunst und Wissenschaft wieder in eine sich gegenseitig ergänzende und befruchtende Beziehung zueinander treten.*[11] Die Wis-

11 Vgl. Ken Wilber: *Sex, Ecology, Spirituality. The Spirit of Evolu-*

senschaft ist diejenige Sphäre des Kulturlebens, in der es darum geht, Zusammenhänge in der Welt zu erkennen und zu verstehen. In der Kunst wird der Mensch durch seine eigene Aktivität aus innerlich erlebten, erkannten und ergriffenen schöpferischen Prinzipien selbst gestalterisch tätig und prägt diese so durch seine Aktivität der äußeren Welt ein. In der Sphäre der Religion handelt es sich darum, wie spirituelle Praxis im sozialen Raum auftritt: in Form von kultischem Handeln, in der seelsorgerischen Begleitung des Menschen auf seinem Schicksalsweg und in der gemeinsamen Verständigung über die Gestaltung von Räumen für die Begegnung mit dem Sakralen. Wenn Wissenschaft fähig wird, auch innere und übersinnliche Aspekte in ihr Bemühen um intersubjektiv nachvollziehbares Erkennen und Verstehen einzubeziehen, wird sie auch für die religiöse Praxis relevant. Die Künste bieten in ihren Prozessen Methoden und Instrumente für kontemplative Forschung und Mittel für deren Kommunikation, die auch für imaginative, inspirative und intuitive Erkenntnisformen geeignet sind. Sie stellen gleichermaßen Mittel und Methoden zur Gestaltung spiritueller und moralisch-intuitiver Praxis im sozialen Raum. Und die wissenschaftliche Erkenntnissuche selbst wird zu einer Begegnung mit dem Wesen der Dinge, wie es Steiner in Anlehnung an Goethe formulierte: «Das Gewahrwerden der Idee in der Wirklichkeit ist die wahre Kommunion des Menschen».[12]

---

tion, Boston 2000.

12 Rudolf Steiner: *Einleitung und ausgewählte Kommentare zu Goethes naturwissenschaftlichen Schriften*. GA 1. Basel [5]2022, S. 167.

Aus dem Blickwinkel der Aufklärung, des säkularen Humanismus und der Moderne betrachtet, muss das bedenklich erscheinen, denn wenn die Kernannahme, die diesem Schritt über die Moderne hinaus zu Grunde liegt, nicht zutrifft, dann versteckt sich hinter dieser Vision nur ein Rückfall in vormodernen Mystizismus, in die Abhängigkeit von spirituellen Autoritäten, die eine Sondererkenntnis für sich beanspruchen, und in die Gefährdung der Freiheit in Religion und Kunst bei gleichzeitigem Verfall der Wissenschaft in pseudowissenschaftlichen Aberglauben. Die entscheidende Voraussetzung dafür, diesen Schritt in Richtung eines spirituellen Humanismus, eines «Re-enchantment of Humanism» (wie es Sylvia Wynter nennt)[13] zu vollziehen, ohne die evolutionären Errungenschaften der Moderne dabei zu verlieren, ist die gelungene Emanzipation des kognitiv, ästhetisch und moralisch bzw. sozialpraktisch urteilsfähigen und dadurch zu gestalterischem Handeln freien Ich.

So wird heute die Anthroposophie vor allem aus der Perspektive eines säkularen Humanismus und eines rationalen Wissenschafts- und Kulturparadigmas kritisiert, das immer noch den Kampf der Aufklärung gegen die Vormoderne zu führen vermeint und kein ausreichendes Bild davon hat, wie eine Entwicklung über die Moderne hinaus aussehen kann, um zwischen vor- und nachmoderner Spiritualität unterscheiden zu können. Die Kritik an der Moderne und die Frage nach den Konturen eines nachmodernen Verhältnisses zur Welt, das die Emanzipation des Individuums weiterführt, aber dabei die materialistischen Reduktionismen der Moderne und die Spaltung

---

13 David Scott: *The Re-Enchantment of Humanism. An Interview with Sylvia Wynter.* In: *Small Axe 8, September 2000*, S. 119–207.

der Kultursphäre in drei ‹Non-overlapping Magisteria›[14] überwindet, beschäftigt heute aber nicht nur die Anthroposophie.

Besonders prägnant – und für eine Einordnung des Projekts Anthroposophie in einen größeren und globalen kulturhistorischen Zusammenhang interessant – sind in dieser Beziehung die Ausführungen der jamaikanischen Philosophin und Sozialwissenschaftlerin Sylvia Wynter.[15] Wynter stellt dar, wie die emanzipatorischen Elemente der Moderne – die Abschaffung des Feudalismus, die liberale Demokratie und ihre bürgerlich-freiheitliche Gesellschaftsordnung, der säkulare Humanismus, die Eroberung der Natur durch Wissenschaft und Technologie, die Marktwirtschaft mit ihrer unternehmerischen Ausrichtung – mit einem rationalistischen, patriarchalischen, auf Eroberung fixierten Menschen- und Weltbild einhergehen, das durch die Ausblendung der als irrational, feminin und schwach wahrgenommenen und delegitimierten Wesensschichten in seiner Einseitigkeit auch die geistige Grundlage für die Schattenseiten der Moderne liefert: die militärisch-technokratisch-merkantilistische Ausbeutung der Natur, der Kultur und des Menschen selbst. Alle Formen von Mensch-Sein, die nicht in das Bild des rationalen und Macht ausübenden ‹Man› der Aufklärung und industriellen Revolution passen, werden als Kontrastfolie von den emanzipatorischen Prozessen ausgeschlossen und Gegenstand dieser Ausbeutung. Dazu gehören generell Frauen

---

14 Stephen Jay Gould: *Rocks of Ages. Science and Religion in the Fullness of Life*, New York 1999.

15 Sylvia Wynter: «Unsettling the Coloniality of Being/Power/Truth/Freedom. Towards the Human, After Man, Its Overrepresentation – An Argument». In: *The New Centennial Review, Volume 3, Number 3, Fall 2003*, S. 257–337.

sowie indigene Kulturen in den durch die Kolonialmächte eroberten Regionen und innerhalb der westlichen Gesellschaften insbesondere auch diejenigen Menschen, die zum Gegenstand des ebenfalls aus der Aufklärung hervorgegangenen Fachgebiets der Psychiatrie werden.

Wynter zeigt auf, dass die Probleme der Moderne, die symptomatisch im Umgang mit der Erde, in den Folgen des Kolonialismus und in den Phänomenen der sozialen Ungerechtigkeit sichtbar werden und die heute als globale Probleme erkennbar sind, nur auf der Grundlage eines neuen Verständnisses von Mensch und Kosmos gelöst werden können, das die emanzipatorischen Errungenschaften der Moderne auf alle Menschen ausdehnt und gleichzeitig die spirituelle und die materielle Seite von Mensch und Kosmos wieder als gleichwertig anerkennt und integriert. Dazu braucht es neue, auch poetische Erkenntnisformen und eine neue, imaginative Erkenntnissprache. Das Projekt Anthroposophie ist, wie aus den oben skizzierten Charakteristiken hervorgeht, ein Versuch, einen solchen transdisziplinären, evolutionären und integralen Zugang zu Mensch und Welt als Grundlage für gesellschaftliche Transformationsprozesse zu entwickeln, die in diesem Sinne über die Moderne hinausführen und die durch sie geschlagenen spirituellen, sozialen und ökologischen Wunden[16] heilen können.

---

16 Vgl. C. Otto Scharmer: *Leading from the Emerging Future: From Ego-System to Eco-System Economies*, Oakland CA 2013.

Karma und Reinkarnation aus anthroposophischer Perspektive

Das anthroposophische Verständnis von Karma und Reinkarnation ist ein zentraler Bestandteil dieser erweiterten Perspektive auf den Menschen und seine Stellung im Kosmos, in der Form, wie sie in der anthroposophischen Geisteswissenschaft entwickelt wird. Sie prägt alle drei oben ausgeführten Aspekte des anthroposophischen Kulturimpulses:

- *Der anthroposophische Karma-Begriff ist ein Kernaspekt des anthroposophisch-geisteswissenschaftlichen Verständnisses des Menschen.* Die Leiblichkeit des Menschen, die nach außen wahrnehmbar in Erscheinung tritt, wird als raum-zeitlicher Ausdruck einer durch sie verkörperten und in der Außenwelt wirkenden geistigen Individualität verstanden. Diese geistige Individualität, das eigentliche Ich des Menschen, hat sein Wesen jenseits von Raum und Zeit. Reinkarnation, als fortlaufender, rhythmischer Entwicklungsprozess zwischen einer leiblich-verkörperten und einer außerleiblichen Daseinsweise, und Karma als der ordnende Zusammenhang, der als roter Faden durch diesen Rhythmus hindurchläuft und ihm eine innere Kohärenz gibt, sind die dynamischen Bindeglieder zwischen innen und außen, zwischen der geistigen und der leiblichen Seite des menschlichen Wesens und der menschlichen Entwicklung.

- *Der anthroposophische Karma-Begriff erweitert die Perspektive auf die Selbstwirksamkeit und das schöpferische Freiheitspotential des Menschen über die Sachzusammenhänge des äußeren Daseins hinaus.* Das Verständnis der unvergänglichen geistigen Individualität, des ‹eigentlichen Ich› des Menschen, als wesenhaftes, verbindendes und integrierendes Element zwischen aufeinanderfolgenden Biographien bietet die Grundlage dafür, die Souveränität, Freiheit und gestalterische Potenz des Individuums über die einzelne Biographie und über die Sphäre des rationalen Handelns in der sinnlich wahrnehmbaren Welt hinaus auszuweiten. Der Mensch ist – wenigstens seiner Entwicklungsmöglichkeit nach – nicht nur, wie im Sinne der Aufklärung und der Moderne, innerhalb äußerer Zusammenhänge zum autonomen, eigenverantwortlichen Handeln auf Basis der Vernunft berufen. Er kann auch sein Innenleben selbst in die Hand nehmen, entwickeln und gestalten und dadurch von sich aus schöpferische Impulse setzen, die über die Biographie hinauswirken, und mit denen er als zu ihm gehörenden Tatsachen in der Welt verbunden bleibt. Dies ist eine enorme Erweiterung dessen, was als gestalterischen Potenz des Menschen im Kosmos als möglich gesehen wird.

- *In der Auseinandersetzung mit der anthroposophischen Karma-Idee verschränken sich Wissenschaft, Kunst und Religion notwendigerweise miteinander.* Der Karma-Begriff ist ein paradigmatisches Beispiel für einen Zusammenhang, der sich nur unter Einbezug eines jeweils transdisziplinär durch die anderen beiden Elemente erweiterten Wissenschafts-, Kunst- und Religionsverständnisses adäquat erfassen, untersuchen und besprechen lässt. Insofern der Karma-Begriff moralische Fragen im zwischenmenschlichen und sozialen Kontext unter geistige Gesichtspunkte stellt und nicht nur die sachlichen, sondern auch die ethischen Konsequenzen menschlichen Handelns ins Blickfeld rückt, spricht er das Feld des Religiösen an – im Sinne einer handlungsleitenden Vorstellung geistiger Zusammenhänge. Allerdings geschieht dies im Sinne einer Erkenntnisbemühung, nicht eines Glaubenssatzes. Indem der Karma-Begriff zum Fokus einer fragenden und forschenden Auseinandersetzung und kontemplativen Suche nach Kohärenz innerhalb der gelebten Erfahrung wird, ist er Gegenstand einer spirituell erweiterten und vertieften Wissenschaft. Diese beiden Zugangsrichtungen zum Karma-Begriff treffen sich in der Sphäre des künstlerischen Prozesses: Sowohl die Gestaltung von Verständnis-, Ausdrucks- und Verständigungsformen über karmische Dynamiken und Zusammenhänge, als auch soziales Handeln, das sich an dieser Idee orientiert, müssen künstlerischer und gestalterischer Art sein, um dieser Idee – in deren Zentrum die gestalterische Potenz des menschlichen Ich steht – gerecht zu werden und sie angemessen zu transportieren.

Innerhalb der modernen Weltanschauung lässt sich der Karma-Gedanke als private Glaubensüberzeugung innerhalb des separaten ‹Magisteriums› der Religion tolerieren. Sobald er aber einen Anspruch auf Wissenschaftlichkeit erhebt und professionelles Handeln im öffentlichen Raum informiert, wird er für die Moderne fast zwangsläufig zum Stein des Anstoßes, denn er scheint die Grenzziehungen zwischen den drei Sphären des Kulturlebens ebenso zu verletzen, wie diejenigen zwischen dem privaten Raum, in dem persönliche spirituelle und religiöse Überzeugungen in einer liberalen Gesellschaft durchaus geschützt sind, und der Konsenssphäre des säkularen Humanismus im öffentlichen Raum, in der sie nach aufklärerischen Gesichtspunkten keinen Einfluss beanspruchen dürfen.

Daher stellt sich die Frage, wie ein nachmodernes Gesellschaftsmodell zu denken wäre, das die Errungenschaften des modernen demokratischen Rechtsstaats, der freiheitlichen Grundrechte und der unternehmerischen Marktwirtschaft gegenüber der vormodernen feudalen Ständegesellschaft mit ihrer klerikal geführten Kultur so weiterentwickelt, dass ein transdisziplinärer Blick auf den Menschen im hier skizzierten Sinn als Grundlage professionellen Handelns im öffentlichen Raum dienen kann, ohne die Souveränität des Individuums in seiner Haltung zu religiösen, ästhetischen und wissenschaftlichen Fragen zu verletzen. Diese Frage ist für die Entwicklung eines anthroposophischen Verständnisses von Professionalität maßgeblich, insbesondere in denjenigen Tätigkeitsfeldern, die sich wie die Medizin, Pflege, soziale Arbeit, Pädagogik und Heilpädagogik mit den Bedürfnissen und der Begleitung von Menschen in vulnerablen Lebenssituationen befassen. Gerade hier trifft das Thema Karma und Reinkarnation einen empfindlichen Nerv, wenn es im Sinne einer popularisierten, aber eigentlich vormodernen Vorstellung von Schuld und Verdienst, Strafe und Belohnung aufgefasst wird.

Soziale Dreigliederung und Methodenpluralismus in den begleitenden Berufen

Aus der Perspektive einer anthroposophisch orientierten Sozialwissenschaft bedarf die konsequente Weiterentwicklung der modernen liberal-demokratischen Gesellschaftsordnung einer Orientierung an der Leitidee der Dreigliederung des sozialen Organismus.[17] [18] Diese

---

17 Siehe u. a. Rudolf Steiner: *Die Kernpunkte der sozialen Frage.* GA 23. Basel [7]2022.

18 Rudolf Steiner: *In Ausführung der Dreigliederung des sozialen*

beruht auf der Feststellung, dass die drei Sphären des gesellschaftlichen Lebens – das Kultur- und Geistesleben, Politik und Recht, und Wirtschaft – sich unabhängig voneinander nach ihren jeweils eigenen Prinzipien organisieren müssen, damit der Sozialraum als Ganzer die Möglichkeit bietet, dass das Individuum in ihm die Bedingungen für seine individuelle Entwicklung und ein gelingendes Leben findet. Da soziale, therapeutische und pädagogische Professionalität zur Aufgabe hat, Menschen eben darin zu unterstützen und zu begleiten, wenn dies einer besonderen intentionalen Aufmerksamkeit bedarf, ist die Frage der Gesellschaftsordnung, innerhalb derer sie ihre Professionalität ausüben, für diese Berufsfelder von besonders einschneidender Bedeutung.

Die Dreigliederungsperspektive unterscheidet zwischen dem Wirtschaftsleben, zu dem alles gehört, was mit der Produktion, Verteilung und dem Konsum von Gütern zu tun hat, dem politischen und Rechtsleben, in dem sich die Aushandlungsprozesse über die Regeln des gemeinsamen Lebens, deren Anwendung und Umsetzung abspielen, und dem Kultur- und Geistesleben, dem diejenigen Aktivitäten zugeordnet werden, die der Entwicklung und Entfaltung der Fähigkeiten des Individuums dienen. Das Wirtschaftsleben, so die These, kann seine Aufgabe am besten erfüllen, wenn es aus dem Prinzip der Geschwisterlichkeit heraus assoziativ so organisiert ist, dass Ressourcen dorthin fließen, wo sie benötigt werden. Das politische und Rechtsleben funktioniert am besten, wenn es Foren und Formen für gesellschaftliche Konsensprozesse findet, in denen nach dem Gleichheitsprinzip die Stimme

---

Organismus (1920). GA 23. Basel [7]2022 und *Aufsätze, Aufrufe, Flugschriften zur Dreigliederung (1919–1922)*. GA 24. Basel [3]2023.

eines jeden Mitglieds der Gemeinschaft gleichberechtigt zum Tragen kommt und Regeln und soziale Vereinbarungen gerecht umgesetzt werden. Für das Kultur- und Geistesleben, in das die Ausübung von Religion, Kunst und Wissenschaft ebenso wie Bildung, Erziehung, pastorale und soziale Begleitung, Heilkunst und Therapie fallen, ist das Prinzip der individuellen Freiheit maßgeblich.

Für Berufe mit Dienst am Menschen bedeutet dies: ihre Ausübung beruht im Idealfall auf einer freien Vereinbarung zwischen begleitender Fachperson und begleitetem Menschen. Das heißt, dass sowohl die begleitende Fachperson als auch der begleitete Mensch prinzipiell die Möglichkeit haben sollen, dem Begleitungsverhältnis zuzustimmen, oder auch nicht. Dazu ist es notwendig, dass sowohl die wirtschaftlichen als auch die rechtlichen Grundlagen für die soziale, pastorale, pädagogische oder therapeutische Begleitung so geregelt sind, dass sie nicht in diesen freien Entscheid eingreifen, sondern die Wahl der Schule oder Hochschule, des pädagogischen Konzepts, der geistlichen, sozialen oder therapeutischen Begleitperson und ihrer philosophischen, wissenschaftlichen und methodischen Ausrichtung dem Menschen überlassen, der Begleitung sucht. Eine Garantie dieser Wahlfreiheit wäre eine konsequente Fortsetzung des in der Aufklärung begonnen Projekts, die Autonomie und Souveränität des Individuums in den Belangen seiner eigenen Entwicklung und seiner Lebensgestaltung vollumfänglich zu achten und vor Übergriffen zu schützen.

Eine Regulierung der Ausübung begleitender, pädagogischer und therapeutischer Professionalität durch staatliche Instanzen, die über den Schutz vor Verletzung von Grundrechten hinausgeht und in Konzept- und Methodenfragen eingreift, ist – wenn sie dadurch gerechtfertigt wird, dass dem einzelnen Menschen keine volle

Urteilsfähigkeit zugetraut wird – ein paternalistisches Überbleibsel der vormodernen Kulturhoheit der Kirche, die den Menschen vor Irrwegen in der persönlichen Lebensgestaltung und inneren Ausrichtung zu schützen hatte. Dies gilt auch dann, wenn sich die regulierenden Instanzen nicht mehr auf religiöse, sondern auf wissenschaftliche Gesichtspunkte berufen. Eine wissenschaftliche Urteilsbildung durch politisch-rechtliche Instanzen ist sachgemäß nicht möglich, da diese anderen als wissenschaftlichen Organisations- und Funktionsprinzipien unterliegen. Eine wirtschaftliche Einflussnahme ist ebenso unsachgemäß.

Bedarf die sozial, pädagogisch oder therapeutisch zu begleitende Person einer Unterstützung in der Urteilsbildung und Entscheidungsfindung, oder muss diese stellvertretend erfolgen – zum Beispiel bei Minderjährigen, oder bei Menschen die auf Grund ihrer individuellen Situation dazu nicht selbstständig in der Lage sind – dann sollte auch diese Unterstützung und Stellvertretung durch private Vertrauenspersonen ausgeübt werden, und nicht durch eine Instanz, die sich auf die staatliche Hoheit beruft und durch den politischen Prozess legitimiert ist. Damit bleibt auch die Stellvertretung in der korrekten Sphäre. Die legitime Rolle des Rechtswesens beschränkt sich hierbei darauf, sicherzustellen, dass Selbstbestimmungsrechte nur in dem Maße durch andere ausgeübt werden, wie unbedingt notwendig, und dass dabei keine Interessenskonflikte und Grundrechtsverletzungen auftreten. Dass es dabei immer zu im Einzelfall auszuhandelnden Grenzbereichen kommt, ist selbstverständlich. Doch sollten inhaltliche Entscheidungen über die Wahl von professionellen Begleitpersonen und -methoden auch hier nicht in die Sphäre von Politik und Recht verlagert werden.

Ist diese sachgemäße Zuordnung der Entscheidung darüber, von wem und wie die Einzelperson sich sozial, pastoral, pädagogisch oder therapeutisch begleiten lässt, klar in der Sphäre der individuellen Freiheit verortet, löst sich das Problem der wissenschaftlichen oder weltanschaulichen Orientierung auf. Ein demokratisch ausgehandelter Konsens darüber, welche Begleitansätze als ‹gute Praxis›, als effektiv, wissenschaftlich fundiert und – nach welchen Kriterien auch immer – als allgemein ‹anerkannt› gelten, ist dann weder notwendig, noch gibt es ein Mandat dafür, einen solchen zu etablieren und zur Grundlage rechtsverbindlicher Richtlinien zu machen. Das Prinzip des Methodenpluralismus wäre dann ein integraler und allgemein akzeptierter Aspekt dessen, wie Professionalität in den Berufsfeldern, die sich mit menschlicher Entwicklung und Biographie befassen, im öffentlichen Raum auftritt. Dass dies eine notwendige Voraussetzung für eine angemessene Begleitung komplexer individueller Lebenssituationen ist, darauf deutet Steiner auch in seinem *Heilpädagogischen Kurs* schon hin, denn «die Gesetzgebung ist ein Generelles und kann nicht für das Individuelle angewendet werden und kann nur allgemein sein.»[19]

Dass die Methodenfreiheit heute in den meisten sozialen, pädagogischen und therapeutischen Systemkontexten immer noch nur teilweise etabliert ist und in Spannung zur Idee eines demokratisch legitimierten und rechtlich verankerten Methodenkonsens steht, ist – neben realen wirtschaftlichen und politischen Interessen, die in diese Entwicklung hineinspielen – als Symptom dafür zu sehen, dass die emanzipatorischen Ziele der Aufklärung

19 Rudolf Steiner: *Heilpädagogischer Kurs*. GA 317. Dornach [9]2024, S. 38.

immer noch erst unvollständig gesellschaftlich umgesetzt sind. Die Dreigliederung als Leitgedanke zeigt auf, wie diese Umsetzung konsequent weitergeführt werden könnte. Fachverbände anthroposophischer Ausrichtung in den besprochenen Berufsfeldern könnten sich, als Vertreter dieser Berufe im öffentlichen Raum und im demokratischen Prozess, dafür einsetzen, dass systemische Entwicklungen weiter in Richtung einer Entflechtung von staatlicher Hoheit und Professionalität fortschreiten. Parallel dazu könnten sie – als Organe der Selbstverwaltung eines Berufsfeldes – gleichzeitig eigenständige Prozesse der Qualitätsentwicklung schaffen, zu denen sich ihre Mitglieder als Praktizierende im öffentlichen Raum auf der Grundlage gemeinsamer Prinzipien professionellen Handelns in freier Verbindlichkeit selbst verpflichten und gegenseitig in die Verantwortung nehmen. Durch transparente Akkreditierungsprozesse, die nach dem Prinzip der Selbstregulation freier Berufe durch die jeweiligen Berufsgemeinschaften selbst verantwortet werden, kann Methodenfreiheit mit öffentlicher Verantwortungsübernahme und Rechenschaft prinzipiell in Einklang gebracht werden. Dies wäre jedenfalls ein Desiderat, das Raum schafft für Entwicklungen, die über gängige und etablierte Paradigmen hinausgehen.

Soziale, pädagogische und therapeutische Professionalität als gestalterisches Handeln in karmischen Zusammenhängen

Eine gemeinsame Grundlage anthroposophischer Paradigmen in den sozialen, pädagogischen und therapeutischen Arbeitsfeldern ist, dass begleitende Professionalität als gestalterisches Handeln in karmischen Zusammenhängen verstanden wird. Daraus leiten sich besondere Verständnisansätze, professionelle Haltungen und methodische Zugangswege ab, die deren anthroposophisches Charakteristikum ausmachen. Dabei dient das anthroposophische Karma-Verständnis primär – wie auch andere Aspekte des geisteswissenschaftlich erweiterten Verständnisses menschlicher Entwicklung und Biographie – als Ressource für die begleitend handelnde Person. Eine bestimmte Überzeugung seitens der begleiteten Person wird nicht vorausgesetzt und ist auch nicht Ziel der Begleitung.

Am Beispiel des *Heilpädagogischen Kurses*[20] soll hier kurz aufgezeigt werden, wie der anthroposophische Karma-Gedanke in diesem Sinne professionelles Handeln informieren kann. Daraus wird deutlich, dass weder abwertende moralische Zuschreibungen noch eine fatalistische Grundhaltung oder übergriffige Handlungsansätze aus diesem Verständnis von Reinkarnation und Schicksal abgeleitet werden können, sondern dass dieses – konsequent betrachtet – zu einer freilassenden moralischen Geste, zu Wertschätzung, Empowerment und einem Fokus auf zukünftige Entwicklungsmöglichkeiten sowie zu einem kreativen, responsiven und situativ gestalteten, individuellen Handlungsansatz bei voller professioneller Verantwortungsübernahme führt.

Der anthroposophische Karma-Gedanke, wie er im *Heilpädagogischen Kurs* thematisiert wird, beruht auf einem zeitintegrativen Verständnis von Entwicklung.[21] Das heißt: Entwicklung wird nicht als Nacheinander einer Reihe diskreter Momente auf einem linearen Zeit-

20 Ebd.

21 Vgl. Wolfgang Schad: *Zeitbindung in Natur, Kultur und Geist*, Stuttgart 2016.

strahl gedacht, sondern spielt sich ab im Spannungsfeld zwischen Vergangenheit und Zukunft, wie sie jetzt, innerhalb der Gegenwart, ko-präsent sind. Die Vergangenheit wird nicht in einer zurückliegenden Zeit verortet, sondern findet sich als Gesamtheit der gegebenen Tatsachen und Umstände in der Gegenwart wieder. Das bedeutet auch, dass diese zwar zunächst so ist, wie sie ist, aber dass ich mein Verhältnis zu ihr in jedem Moment selbst bestimmen und verändern kann. Dadurch verändert sich zwar nicht die Vergangenheit als solche, aber doch die Art und Weise, wie sie in der Gegenwart auftritt und welche Rolle sie dort spielt. Sie bietet mir als Gewordenes Widerstand und fügt sich nicht meiner Willkür, aber ich stehe ihr dennoch prinzipiell immer souverän gegenüber.

Auch die Zukunft liegt nicht entfernt, sondern ist in der Gegenwart angelegt und lässt sich aus dieser heraus gestalten. Zu ihr gehört alles, was noch nicht als Gegebenheit und Tatbestand Form angenommen hat, was aber im Raum der Möglichkeiten liegt, die als Keime intuitiv wahrgenommen und als Intention zum Gegenstand und organisierenden Prinzip unseres Wollens und Handelns gesetzt werden kann. Das vermittelnde Element zwischen Gegebenheiten und Möglichkeiten, durch dessen Wirksamkeit Gegebenheiten als Möglichkeiten wahrgenommen und Möglichkeiten zu Gegebenheiten ausgestaltet werden, ist das menschliche Ich. Es ist die einzige Wesenheit, die diese Potenz unmittelbar innerhalb der äußeren Welt zur Wirkung bringen kann. Darin liegt die gestalterische – und schicksalsgestalterische – Freiheitsmöglichkeit des Menschen.[22]

22 Vgl. auch Rudolf Steiner: *Die Philosophie der Freiheit. Grundzüge einer modernen Weltanschauung.* GA 4. Basel [17]2021.

Begleitende Professionalität bezieht sich immer auf diese wirksame Potenz des anderen Ich. Dieses souveräne Ich gilt es durch soziales, pastorales, pädagogisches oder therapeutisches Handeln in seiner Selbstwirksamkeit zu unterstützen. Das gelingt immer dann, wenn innerhalb der aus den Gegebenheiten (also aus der Vergangenheit) herrührenden Dynamik Raum für einen neuen, noch nicht in der gegebenen Wirklichkeit wirksamen Impuls geschaffen werden kann, durch den sich die Gesamtdynamik der Situation verwandelt. Dies ist es, was Steiner meint, wenn er heilpädagogisches Handeln als «ein richtiges Eingreifen ins Karma»[23] charakterisiert.

Dieser Impuls zur Umwandlung der aus der Vergangenheit in die Gegenwart hineinwirkenden Dynamik lässt sich nur durch das menschliche Ich setzen, das dabei drei Möglichkeiten hat: etwas initiativ zu tun, das nicht schon als natürliche Konsequenz aus der vorhandenen Dynamik folgt; etwas nicht zu tun, das heißt, eine angelegte Reaktion zurückzuhalten; oder «sich völlig neutral verhalten zu können.»[24] Diese letzte Variante besteht darin, aus der aktiven oder reaktiven Haltung in eine offene und empfängliche innere Geste zu wechseln, die mit Aufmerksamkeit und Geistesgegenwart bei der Sache bleibt, ohne ihr den eigenen Willen aufzuzwängen. Stattdessen geht es darum, das, was neu entstehen will, wahrzunehmen und die Bedingungen dafür zu gestalten, dass es sich verwirklichen kann. Scharmer beschreibt diese sanfte Kreativität als ‹Letting Go›, ‹Presencing› und ‹Letting Come›[25] – als ‹leading from the emerging future›.

---

23 Rudolf Steiner: *Heilpädagogischer Kurs*. GA 317. Dornach [8]1995, S. 39.

24 Ebd., S. 43.

25 C. Otto Scharmer: *Theory U. Leading from the Future as it*

Es geht im *Heilpädagogischen Kurs* nicht darum, hypothetische oder spekulative Aussagen über eventuelle äußere Ereignisse in einer zurückliegenden Biographie zu machen, sondern sich mit der Situation, die jetzt da ist, so tief zu verbinden, dass durch den im eigenen Innern vollzogenen Haltungswandel, der sich dem gesetzten Reaktionsmuster entzieht, auch für den anderen Menschen neue, bisher blockierte oder verschüttete Entwicklungsmöglichkeiten freigelegt werden – die es dann wahrzunehmen und zu unterstützen gilt. Dies fordert Enthaltsamkeit, nicht nur in Bezug auf spekulative Aussagen über mögliche historische Antezedenzien, sondern insbesondere auch in Bezug auf moralische Urteile.

Steiner macht deutlich, dass es nicht nur prinzipiell unmöglich ist, aus allgemeinen karmischen Prinzipien deduktive Rückschlüsse auf eine individuelle karmische Vergangenheit zu ziehen, sondern dass auch moralische Bewertungen menschlicher Taten ihre Gültigkeit nur innerhalb einer Biographie haben. Die «Moral müssen wir uns immer in jedem einzelnen Erdenleben neu erwerben».[26] Das, was einmal der moralische Inhalt einer Biographie war, ist heute schlicht objektive Tatsache in der äußeren Welt. Ein moralisches Verhältnis zur Welt wird in jeder Biographie wieder neu erarbeitet und entwickelt. Aber auch die vorliegenden Tatsachenverhältnisse gehen auf ein komplexes Zusammenspiel individueller, gemeinschaftlicher und gesamtmenschlicher Umstände zurück, die bei weitem nicht alle auf intentionale Handlungen des betroffenen Individuums zurückzuführen sind – und die auch ohne individuelle Antezedenzien in einer

Emerges Oakland CA 2009.

26 Rudolf Steiner: *Heilpädagogischer Kurs*. GA 317. Dornach [8]1995, S. 55.

Biographie als ganz neue Faktoren auftreten können, um erst in Zukunft integriert zu werden. Dabei kommt zu allen karmischen Allgemeingesetzlichkeiten, so unüberschaubar auch diese schon sind, immer noch die geistige Individualität als jeweils einzigartiges und eigengesetzliches Wesen hinzu, das Vergangenheit und Zukunft nach nur ihr eigenen, idiosynkratischen Prinzipien und Entwicklungsintentionen verknüpft und so sein Schicksal selbst gestaltet. «Denn wir sind eigentlich unser Karma selber.»[27]

Methodisch bedeutet dies, die Souveränität des anderen Ich in das Zentrum des begleitenden professionellen Handelns zu stellen. Die Individualität wird in ihrer gestalterischen Potenz über den Horizont der einzelnen Biographie hinaus anerkannt, woraus sich eine erweiterte Entwicklungsperspektive ergibt, mit der Möglichkeit, auch Schritte, die aus einer zweckrationalen und utilitaristischen Perspektive innerhalb der gegenwärtigen Biographie kaum als bedeutsam erscheinen, als qualitativ und existenziell wesentlich zu erkennen. Dadurch verschieben sich Prioritäten zugunsten dessen, was zur Lebensqualität, zur Sinnfindung und zu einem resonanten Verhältnis zwischen Ich und Welt beiträgt, auch wenn sich daraus eventuell nicht immer messbare äußere Fortschritte im funktionalen Sinn ergeben. Erlebnisse, Erfahrungen, Begegnungen können auch dann bedeutend sein, wenn sie sich nicht erkennbar in einer Funktionssteigerung niederschlagen.

Außerdem wird klar, dass jede begleitende Professionalität auf einer intentional gestalteten Beziehung aufbaut und die Wirksamkeit der Begleitbeziehung immer davon

---

27 Rudolf Steiner: *Esoterische Betrachtungen karmischer Zusammenhänge. Erster Band.* GA 235. Dornach [8]1994, S. 61.

abhängt, dass die begleitende Person selbst dabei innere Wandlungsschritte durchmacht und immer wieder bereit ist, eigene Muster aufzulösen, um damit auch im Beziehungs- und Sozialraum Öffnungen für neue Entwicklungsimpulse zu schaffen, die über das hinausgehen, was in den bestehenden Gegebenheiten schon wirksam angelegt ist. In diesem Sinn ist begleitende Professionalität aus anthroposophischer Perspektive immer sozial-künstlerisches Handeln; in anderen Worten: gestalterisches Handeln in karmischen Zusammenhängen.

Rudolf Steiners Schicksals-Erkenntnis und die Karma-Vorträge nach der Weihnachtstagung

Peter Selg

Rudolf Steiners Karma-Vorträge des Jahres 1924 verfolgten von Anfang an ein umschriebenes Ziel; sie gehörten zu seinem Bemühen, die Anthroposophische Gesellschaft zur Selbsterkenntnis zu führen, zum michaelischen «Karma der Anthroposophischen Gesellschaft», zu ihren gemeinschaftsbildenden Kräften und gemeinschaftsbezogenen Aufgaben. Dennoch ging Steiner langsam und sorgfältig vor und begann keinesfalls mit dem Kern seines Vorhabens. «Es werden uns nun noch eine Zeit hindurch die gesetzmäßigen Zusammenhänge innerhalb der menschlichen Karmaentwickelung beschäftigen», sagte er noch am 11. Mai 1924, beinahe drei Monate nach Beginn seines Vortragskurses,[1] um sechs Wochen später erläuternd zu ergänzen: «Die Auseinandersetzungen über das Karma können nur langsam und allmählich in das Verständnis dieser weltgrundlegenden und komplizierten Gesetzmäßigkeit hineinführen.»[2] Wirkliche Schicksalserkenntnis erfordert, wie Rudolf Steiner wiederholt betonte, «außerordentlich schwierige geisteswissenschaftliche Untersuchungen»;[3] diese «Untersuchungen» oder «Forschungen» hatte er seit langer Zeit angestellt – aber

1 Rudolf Steiner: *Esoterische Betrachtungen karmischer Zusammenhänge. Zweiter Band.* GA 236. Dornach [6]1988, S. 153.

2 Ebd., S. 270.

3 Ebd., S. 258.

auch ihre Rezeption hatte ihre besonderen Bedingungen und Voraussetzungen.

In seinen Karma-Vorträgen vor den Mitgliedern der Anthroposophischen Gesellschaft berichtete Rudolf Steiner, zwischen den Zeilen und mitunter auch expressis verbis, von manchen Einzelheiten seiner geistigen Autobiographie, seines Lebensganges, seiner Situation und seiner Arbeit – seinen schwierigen «Untersuchungen» und ihren inneren und äußeren Umständen. Erstmals sprach er 1924 darüber, wie Fragen und Methoden der Schicksalserkenntnis von Anfang an das zentrale Anliegen seiner Tätigkeit für die Theosophische und Anthroposophische Gesellschaft gebildet, aber dort nur in sehr begrenztem Umfang Aufnahme gefunden hatten. Mit dem ersten Vortrag einer beabsichtigten Folge unter dem Gesamttitel «Praktische Karma-Übungen» hatte Rudolf Steiner tatsächlich bereits während der deutschen Sektionsgründung im Oktober 1902 vor den Mitgliedern der Theosophischen Gesellschaft in «ganz kleinem Kreis» begonnen, war dabei jedoch auf erhebliche Hindernisse innerhalb seiner Zuhörerschaft gestoßen, wie er nunmehr berichtete: «Die Persönlichkeiten, die dazumal mit bei der Begründung waren, bekamen einen furchtbaren Schreck, als sie diesen Titel vernahmen, und ich könnte heute noch mit voller Anschaulichkeit die astralischen Wellen des Bebens und Zitterns schildern, welche namentlich die alten Herren an sich zeigten, die dazumal, herausgewachsen aus der theosophischen Bewegung, hörten, ich wollte sprechen über praktisches Karma. Und Worte immerhin wie dieses wurden mir entgegengebracht: Wollen Sie denn an einem Tage unsere ganze jahrzehntelange Arbeit – denn die Leute glaubten ja, jahrzehntelange Arbeit geleistet zu haben –, unsere ganze jahrzehntelange Arbeit einsargen! Und es fanden sozusagen fortwährend Privatsitzungen, Councils statt, in denen man mir begreiflich machte, das könne so nicht gehen. Und ich verspürte dann nicht nur den astralischen und Ich-Eindruck von den Bebe- und Zitterwellen, sondern ich verspürte auch den fröstelnden Eindruck der astralischen Gänsehaut, welche die alten Herren bekamen.»[4] Die von ihm im Spätherbst 1902 konzipierten Vorträge wollten «eine Art Ton angeben» für dasjenige, «was eigentlich geschehen sollte» innerhalb der deutschen Sektion der Theosophischen Gesellschaft.[5] Er habe damals, so Steiner im Rückblick des Jahres 1924, vorgehabt, «ganz unbefangen über die Wirkungsweise des Karma zu sprechen», die Karma-Idee mit einer «inneren Impulsivität» in die neue Bewegung einzuführen und die Schicksalsforschung zu einem ihrer «großen Leitmotive» werden zu lassen.[6] Dafür jedoch, so erläuterte er über zwei Jahrzehnte später, hätten zu Anfang des 20. Jahrhunderts nahezu alle Voraussetzungen unter seinen Zuhörern gefehlt – keine Bereitschaft und keine «Stimmung» seien dazu vorhanden gewesen. Rudolf Steiner hatte zwar seinen angekündigten Abendvortrag am 20. Oktober 1902 gehalten, nicht jedoch die ursprünglich intendierte Vortragsreihe. («Und da war es denn ganz unmöglich, bei dem Programm zu bleiben, weil es aussichtslos gewesen wäre.»[7]) Dieser verhinderte

4 Rudolf Steiner: *Esoterische Betrachtungen karmischer Zusammenhänge. Sechster Band.* GA 240. Dornach [5]1992. S. 256 f.

5 Rudolf Steiner: *Esoterische Betrachtungen karmischer Zusammenhänge. Fünfter Band.* GA 239. Dornach [3]1985. S. 49.

6 Rudolf Steiner: *Esoterische Betrachtungen karmischer Zusammenhänge. Sechster Band.* GA 240. Dornach [5]1992, S. 102.

7 *Rudolf Steiner: Die Konstitution der Allgemeinen Anthroposophischen Gesellschaft und der Freien Hochschule für Geisteswissenschaft. Der Wiederaufbau des Goetheanum (1924–1925).* GA 260a. Dornach [2]1987, S. 372 f.

oder veränderte Anfang hatte Folgen; die Entfaltung der Anthroposophie – innerhalb der Theosophischen Gesellschaft – musste «in einer viel exoterischeren Weise» erfolgen als ursprünglich beabsichtigt und geriet, wie Steiner 1924 rückblickend sagte, dadurch in ein «mehr theoretisches Fahrwasser».[8] Er habe sein eigentliches Anliegen über lange Zeit mit der geistigen Welt «unter der Oberfläche der anthroposophischen Strömung» abgemacht.[9]

Nirgendwo sprach Rudolf Steiner 1924 darüber, welche Konsequenzen dies für die Theosophische und Anthroposophische Gesellschaft im Einzelnen hatte. Er machte jedoch sehr deutlich, dass seine Tätigkeit nach dem 20. Oktober 1902 im Wesentlichen «vorbereitender» Natur gewesen sei. Das «eigentlich Esoterische» habe warten müssen – bis zur Weihnachtstagung 1923/24, mit der die Bewegung «in einem gewissen Sinne» zu ihrem «Ausgangspunkt» zurückgekehrt sei.[10] Erst mit und durch die Weihnachtstagung habe das Esoterische wirklichen Eingang in die Anthroposophische Gesellschaft gefunden – «so kann eigentlich jetzt dort angeknüpft werden, wo damals beabsichtigt war, diesen esoterischen Zug in die Gesellschaft hineinzutragen.»[11] Allerdings sagte Rudolf

8 *Rudolf Steiner: Die Konstitution der Allgemeinen Anthroposophischen Gesellschaft und der Freien Hochschule für Geisteswissenschaft. Der Wiederaufbau des Goetheanum (1924–1925).* GA 260a. Dornach [2]1987, S. 373.

9 Rudolf Steiner: *Esoterische Betrachtungen karmischer Zusammenhänge. Fünfter Band.* GA 239. S. 50.

10 *Rudolf Steiner: Die Konstitution der Allgemeinen Anthroposophischen Gesellschaft und der Freien Hochschule für Geisteswissenschaft. Der Wiederaufbau des Goetheanum (1924–1925). GA* 260a. Dornach [2]1987, S. 386.

11 Rudolf Steiner: *Esoterische Betrachtungen karmischer Zusammenhänge. Sechster Band.* GA 240. Dornach [5]1992, S. 41.

Steiner im Hinblick auf das lange «Warten» des Esoterischen am 24. August 1924 in London in einer positiven Erwähnung:

> *Und das war ihm [dem Esoterischen] vielleicht gut.* Denn es vergingen ja mittlerweile reichlich dreimal sieben Jahre, in denen konnte sich manches im Unbewussten und Unterbewussten einleben, was ins Bewusstsein nicht recht hineinwollte. Und das ist auch geschehen. Und so kann jetzt durchaus in jener esoterischen Weise gerade für den Anfang des Einlebens des Goetheanischen Weihnachtsimpulses, dasjenige, was dazumal nicht gehen konnte, es kann der Anfang dieses Einlebens damit beginnen, dass die okkulten Entwickelungsimpulse der Welt, des Kosmos und der Menschheit gesucht werden auf dem karmischen Gebiete.[12]

Die «mehr als zwei Jahrzehnte vorbereitender Arbeit» waren in dieser Perspektive sinnvoll oder zumindest situativ notwendig gewesen, und jeder Blick auf die Tätigkeit und Werkentwicklung Rudolf Steiners zeigt, wie intensiv er an dieser «Vorbereitung» gearbeitet hatte. Tatsächlich war die Themenstellung von «Reinkarnation und Karma» von Anfang an ein – oder gar *das* – Zentralmotiv von Steiners Vorträgen, Aufsätzen und Büchern gewesen, allerdings nicht in Form einer methodischen Schulung zur Schicksals-Erkenntnis und nicht in umfangreichen, gesellschaftsinternen Darstellungen zu den karmischen «Entwickelungsimpulsen der Welt, des Kosmos und der Menschheit», sondern in einführender, prinzipieller Weise. Vor den Mitgliedern seiner Sektion hatte Steiner ab 1902 eine differenzierte Anthropologie des Menschen

12 Ebd., S. 257, Hv. v. V.

als eines schicksalsbefähigten (d. h. schicksaltragenden, -erleidenden und -gestaltenden) Wesens entfaltet und diesen menschenkundlichen Ansatz auch in der Öffentlichkeit in prononcierter Weise vertreten. Das Kapitel *Wiederverkörperung des Geistes und Schicksal* gehörte zu den prioritären Anliegen seines Buches *Theosophie* (1904) und erfuhr bei Neuauflagen jeweils die umfangreichste Überarbeitung – auf dass «die Wahrheit von alledem der betrachtenden Vernunft aufleuchten kann»[13]. Darüber hinaus war Rudolf Steiner über zwei Jahrzehnte nicht müde geworden, den Mitgliedern der Theosophischen und (ab Ende 1912) der Anthroposophischen Gesellschaft die wirkliche Bedeutung des Karma-Gedankens zu erläutern, von dem er sagte, dass er eine «allererste Rolle für alle Kulturen der Zukunft» spielen werde.[14] Die kulturgeschichtliche Aufgabe der Anthroposophie, ja ihre «reorganisatorische» Aufgabe für die Zivilisation sah Rudolf Steiner in enger Verbindung mit ihrem Einsatz für einen christlich gefassten Inkarnations- und Reinkarnationsbegriff. Noch 1924 sprach er von einer diesbezüglichen «Mitarbeit am Grundstein für die westliche Zivilisation»[15], dessen Menschenkunde oder Menschenerkenntnis die sinnvolle Überwindung von biographischen Hindernissen beinhaltet und diese vor einem größeren Hintergrund sieht – einer übergeordneten und in sich sinntragenden «Geschichte des Ichs».

---

13 Rudolf Steiner: *Theosophie. Einführung in übersinnliche Welterkenntnis und Menschenbestimmung.* GA 9. Dornach [32]2003, S. 89.

14 Rudolf Steiner: *Wiederverkörperung und Karma und ihre Bedeutung für die Kultur der Gegenwart.* GA 135. Dornach [4]1989, S. 104.

15 Rudolf Steiner: *Esoterische Betrachtungen karmischer Zusammenhänge. Fünfter Band.* GA 239. Dornach [3]1985, S. 268.

Trotz der Schwierigkeiten, auf die er mit seinem originär esoterischen Impuls in den Reihen der «alten Theosophen» 1902 stieß, hatte Rudolf Steiner die «Lehre» von Reinkarnation und Karma in diesem Sinne von Anfang an umfänglich ausgearbeitet und sukzessive zur Darstellung gebracht – und begann keinesfalls erst 1924 damit.[16] Er hatte bereits im ersten Jahrzehnt des 20. Jahrhunderts beschrieben, dass der Mensch nicht aus «Anlage und Umwelt» erklärbar ist, sondern ein reales Individualitätsprinzip in sich trägt, das vorgeburtlich wie nachtodlich existiert. Nicht die «Seelenwanderung», sondern der von Leben zu Leben schreitende Geist des Menschen, seine reale geistige Entelechie, hatte Rudolf Steiner den Mitgliedern der Theosophischen und Anthroposophischen Gesellschaft seit 1902 ansichtig zu machen versucht – allerdings unter weitgehendem Verzicht auf individuelle Darstellungen, die von ihm im Spätherbst 1902 beabsichtigt worden waren. In seinen «vorbereitenden» Vorträgen und Schriften hatte er unter anderem immer wieder in prinzipieller Weise dargestellt, *warum* der moderne In-

16 Bereits ein Jahr nach der Sektionsgründung schrieb Rudolf Steiner in seinem *Lucifer*-Organ über *Reinkarnation und Karma, vom Standpunkt der modernen Naturwissenschaft notwendige Vorstellungen* und über die Wirkungsweise des Karma (*Wie Karma wirkt*). Bei der Generalversammlung der Sektion im Oktober 1903 verwandte er erstmals den Begriff der «okkulten Geschichte» – auf den er sieben Jahre später, bei seinem gleichnamigen Vortragszyklus in Stuttgart, umfänglich zurückkam (anlässlich der Grundsteinlegung des ersten Zweighauses der Anthroposophischen Gesellschaft in Stuttgart). Über Rudolf Steiners Hamburger Kurs *Die Offenbarungen des Karma* vom Mai 1910 sowie über die Entwicklungen des Jahres 1910 vgl. u. a. Andreas Neider: «Rudolf Steiners Darstellung der Reinkarnation im Jahr 1910». In: *Mitteilungen aus der anthroposophischen Arbeit in Deutschland,* Nr. 254, 2010, S. 306 ff.

karnations-, Reinkarnations- und Schicksalsgedanke von so wegweisender Bedeutung war, und in einer grundsätzlichen Darstellung aus dem Jahre 1919 formuliert:

> Das ist der radikalste Gedanke, der in die Gegenwartsmenschheit einschlagen muss, dass der Mensch sein physisches Leben nicht bloß als Vorbereitung für das Leben nach dem Tode anzusehen hat, sondern dass er es anzusehen hat auch als Fortsetzung eines geistigen Lebens vor der Geburt. Dann wird er aus einem faulen Menschen, der nichts tun will, ein Mensch, der sich bewusst ist, dass er auf der Erde etwas auszuführen hat, dass er eine Mission hat. Ehe nicht dieser Gedanke die Menschen durchdringen kann, kann es nicht anders werden, als dass die Menschen in den Materialismus hineinversinken.[17]

> Die Art und Weise, wie die Menschen sich aneignen werden [die] Überzeugung von Reinkarnation und Karma, wie sie die Möglichkeit finden werden, den Gedanken von Reinkarnation und Karma in das allgemeine Leben überzuführen, das wird eben dieses moderne Leben von der Gegenwart in die Zukunft hinein im wesentlichen umgestalten. Es wird ganz neue Lebensformen, ein ganz neues menschliches Zusammenleben schaffen.[18]

In diesem Sinne waren auch Steiners Bemühungen um

---

17 Rudolf Steiner: *Geisteswissenschaftliche Behandlung sozialer und pädagogischer Fragen.* GA 192. Dornach [2]1991, S. 251.

18 Rudolf Steiner: *Wiederverkörperung und Karma und ihre Bedeutung für die Kultur der Gegenwart.* GA 135. Dornach [4]1989, S. 85.

eine Neufassung des Arbeits- und «Lohn»-Prinzips im Sinne des «Sozialen Hauptgesetzes», die ab 1905 einsetzten, von dem zentralen Gedanken von Reinkarnation und Karma mitbestimmt gewesen.[19] Für die sich selbstständig formierende Anthroposophische Gesellschaft machte Rudolf Steiner bereits 1912 klar, dass das spirituelle Schicksalsverständnis nicht nur zu ihren innersten Anliegen gehörte, sondern in sich selbst ein gemeinschaftsbildendes, ja geradezu konstitutives Prinzip sei: «Dass der Anthroposoph fühle, wie er in dieser Weise mitarbeitet an dem Hervorbringen einer neuen Kultur, das muss in seinem Bewusstsein leben. Diese Empfindung, dieses Gefühl von der intensiven Bedeutung von Reinkarnation und Karma für das Leben, dieses würde etwas sein; was heute eine Gruppe von Menschen zusammenhalten könnte, ungeachtet der äußeren Verhältnisse, in denen diese Menschen sind. Die Menschen, die von solcher Gesinnung zusammengehalten werden, können sich nur durch die Anthroposophie zusammenfinden.»[20] In dieser Haltung begleitete Rudolf Steiner seit 1902 esoterische Schüler, deren mögliches «Schicksalserwachen» er fördern wollte; mit und aus dieser Haltung schuf er ab 1910 seine Mysterienspiele als Reinkarnationsdramen[21] und hielt am Ende des Jahres 1910, vier Monate nach der Inszenierung des ersten Mysteriendramas (*Die Pforte*

19 Vgl. Peter Selg: *Die Arbeit des Einzelnen und der Geist der Gemeinschaft. Rudolf Steiner und das Soziale Hauptgesetz*, Dornach ²2011.

20 Rudolf Steiner: *Wiederverkörperung und Karma und ihre Bedeutung für die Kultur der Gegenwart*. GA 135. Dornach ⁴1989, S. 104

21 Vgl. u. a. Peter Selg: *Esoterische Gemeinschaften in Rudolf Steiners Mysteriendramen. Templer – Rosenkreuzer – Der Kreis um Benedictus*, Arlesheim ¹2010.

der Einweihung), seinen Vortragskurs über *Okkulte Geschichte* in Stuttgart, der an dem esoterischen Impuls von 1902 ansetzte, jedoch auch nur in begrenztem Maße verstanden und aufgenommen wurde. «Man steigt von Dingen, über welche das menschliche Herz noch dies oder jenes Unwahrscheinliche verhältnismäßig leicht hinnimmt, in Gebiete hinab voll von Unwahrscheinlichkeiten, sobald man heruntersteigt von den großen Wahrheiten über das geistig Durchtränkt- und Durchwobensein der Welt, von den großen Weltgesetzen zur geistigen Natur einer einzelnen Individualität, einer einzelnen Persönlichkeit. Und bei noch nicht genügend vorbereiteten Menschen beginnt in der Regel an diesem Abgrund zwischen den allgemeinen und besonderen Wahrheiten die Ungläubigkeit.» (Stuttgart, 27.12.1910[22]) Dennoch war Rudolf Steiner weitergegangen und hatte in der Folge mit dem Bauprojekt in München und Dornach eine nächste Stufe der künstlerischen Realisierung des «Karma-Gedankens» unternommen; später sprach er von der «Erziehung zum karmischen Schauen», die im Goetheanum konzipiert und ermöglicht worden war.[23] Den Widerstand und Hass, auf die der Bau in der «Kulturwelt» stieß und die am Ende zu seiner kompletten Zerstörung führten, sah Steiner rückblickend zumindest teilweise in diesem Zusammenhang: «Aber den Feinden dessen, was herein muss in diese moderne Zivilisation, denen liegt natürlich daran, dass dasjenige, was im echten, wahren

---

22 Rudolf Steiner: *Okkulte Geschichte. Esoterische Betrachtungen karmischer Zusammenhänge von Persönlichkeiten und Ereignissen der Weltgeschichte.* GA 126. Dornach [5]1992, S. 9.

23 Rudolf Steiner: *Esoterische Betrachtungen karmischer Zusammenhänge. Zweiter Band.* GA 236.Dornach [6]1988, S. 96.

Sinne den Menschen heranerzieht, was notwendig ist für die Zivilisation, abbrennt.»[24]

*

Was Rudolf Steiner dann Ende 1923/Anfang 1924 veranlagte, beginnend mit den Abendvorträgen der Weihnachtstagung (*Die Weltgeschichte in anthroposophischer Beleuchtung und als Grundlage der Erkenntnis des Menschengeistes*) und fortgesetzt in den Karma-Vorträgen ab dem 16. Februar 1924, war ein esoterischer Schulungskurs zur Schicksalserkenntnis und stand in der direkten Kontinuität der Initiative aus dem Jahre 1902. Konkrete «Übungen» teilte Rudolf Steiner dabei nur in begrenzter Zahl mit; er berichtete jedoch in umfänglicher Weise über die von ihm seit über drei Jahrzehnten geübte und ausgeübte Schicksalserkenntnis, über ihre methodischen Voraussetzungen und Herausforderungen, über die verfolgten Fragestellungen und die notwendige innere Haltung. «Man muss viel Interesse für die anderen Menschen haben, wenn man ihnen auf anthroposophische Art gegenübertreten will», betonte er[25] und machte in über 80 Vorträgen deutlich, was damit konkret gemeint war. Bereits 1919 hatte er in einem Vortragskurs die reale Selbstlosigkeit als *conditio sine qua non* einer wirklichen Schicksalserkenntnis bezeichnet und hervorgehoben, dass auch der Umgang mit Gesichtspunkten oder

---

24 Ebd.

25 *Rudolf Steiner: Die Konstitution der Allgemeinen Anthroposophischen Gesellschaft und der Freien Hochschule für Geisteswissenschaft. Der Wiederaufbau des Goetheanum (1924–1925).* GA 260a. Dornach [2]1987, S. 57.

konkreten Forschungsergebnissen zu Reinkarnation und Karma nur in dieser Gesinnung zukunftsfördernd sei:

> Es handelt sich ja nicht bloß darum, dass wir solche Ideen wie Reinkarnation und Karma in unsere Zeit hereinbringen, sondern es handelt sich darum, *wie* wir sie hereinbringen. Wenn sie nur ein Antrieb zum Egoismus werden, dann heben sie unsere Kultur nicht, dann drängen sie unsere Kultur erst recht hinunter. [...] Unsere Zivilisation hat so wenig altruistisch-religiösen Impuls, dass es ihr unmöglich ist, selbst solche Ideen wie Reinkarnation und Karma in dem Sinne aufzufassen, dass sie Antriebe werden zu altruistischem und nicht zu egoistischem Handeln und Empfinden.[26]

Das «*Wie*» der Karma-Erkenntnis und des Umgangs mit Schicksal war in diesem Sinne für Rudolf Steiner entscheidend und prägte seine gesamten Darstellungen des Jahres 1924. Er selbst hatte sich weder in seiner Jugendzeit noch später in erster Linie für die Erkundung seiner geistigen Herkunft, der Geschichte seines eigenen Ichs, interessiert. Seine Studien hatten vielmehr ihren Ausgangspunkt von einem tiefen Interesse an anderen und am Anderen genommen, seinem jeweiligen und individuellen So-Sein, das weitergehende Fragen aufwarf – Fragen nach dem Woher und Wohin. In seiner Autobiographie schrieb Rudolf Steiner 1924 über eine Etappe seiner späten Jugend, seine Einsamkeit und den Umgang mit inneren Erfahrungen:

---

26 Rudolf Steiner: *Soziales Verständnis aus geisteswissenschaftlicher Erkenntnis. Die geistigen Hintergründe der sozialen Frage. Band III*. GA 191. Dornach ³1989, S. 72.

> Ich schaute doch eine geistige Welt *als Wirklichkeit.* Mit aller Anschaulichkeit offenbarte sich mir an jedem Menschen seine geistige Individualität. Diese hatte in der physischen Leiblichkeit und in dem Tun in der physischen Welt nur ihre Offenbarung. Sie vereinte sich mit dem, was als physischer Keim von den Eltern herrührte. Den gestorbenen Menschen verfolgte ich weiter auf seinem Wege in die geistige Welt hinein. Einem meiner früheren Lehrer, der mir auch nach meiner Realschulzeit freundschaftlich nahe blieb, schrieb ich einmal nach dem Tode eines Mitschülers über diese Seite meines Seelenlebens. Er schrieb mir ungewöhnlich lieb zurück, würdigte aber, was ich über den verstorbenen Mitschüler schrieb, keines Wortes.[27]

Mit dem Satz «Mit aller Anschaulichkeit offenbarte sich mir an jedem Menschen seine geistige Individualität» wollte Rudolf Steiner dabei keinesfalls zum Ausdruck bringen, dass die Schicksalssignatur seines Gegenübers ihm ohne weitere Mühe erkennbar gewesen sei; geistig erfahrbar war jedoch die jeweilige Besonderheit seines individuellen Daseins, um dessen tieferes Verständnis er sich bemühte. Über sein Ringen mit der konkreten Reinkarnationserkenntnis, die ihm erst im circa 28. Lebensjahr in einer umschriebenen Situation gelang, schrieb Steiner 1924 zumindest andeutend in seiner Autobiographie: «Manche Anschauung in dieser Richtung war mir aufgegangen, wenn ich Menschen nahegetreten war, die in dem Habitus ihres Lebens, in dem Gepräge ihrer Persönlichkeit unschwer die Spuren eines Wesensinhaltes offenbaren, den man nicht in dem suchen darf,

27 Rudolf Steiner: *Mein Lebensgang.* GA 28. Dornach [9]2000, S. 59.

was sie durch die Geburt ererbt und seit dieser erfahren haben.»[28] Bestimmend für den gesamten Gang seines Fragens und Suchens war und blieb die Hinwendung zum «Du», zur konkreten Lebensgestalt des Anderen, die es tiefer zu verstehen und – in Einzelfällen – auch sukzessive aufzuhellen galt, um ihr gerecht werden zu können. In seinen Karma-Vorträgen sprach Rudolf Steiner 1924 von der notwendigen «intimen Betrachtung des Lebens» bzw. vom «Einleben» in den Anderen als Voraussetzung jeder weitergehenden Erkenntnis; er sprach von einer Einsicht, die die gegebene Ansicht transzendieren und in ihrem Werden aufhellen kann. Am 23. April 1924 sagte er in Dornach:

> Das, was am meisten auffällt an dem Menschen, was man wahrnimmt, wenn man dem Menschen begegnet oder durch die Geschichte etwas von ihm erfährt, das hat er eigentlich zumeist aus der irdischen Umgebung. Man ist ja als Mensch viel mehr, als man denkt, ein Produkt seiner irdischen Umgebung. Man nimmt durch die Erziehung dasjenige auf, was in der irdischen Umgebung lebt. Erst die feineren, intimeren Züge eines Menschen, recht konkret aufgefasst, führen durch das Leben zwischen Tod und neuer Geburt zurück in vorige Erdenleben. Und für eine solche Betrachtung kann wichtiger sein, die Art und Weise anzuschauen, wie ein Mensch seine Gesten macht, wie ein Mensch als eine ständige Gewohnheit irgend etwas hält, als die Betrachtung dessen, was er vielleicht als eine berühmte Persönlichkeit leistet.[29]

---

28 Ebd., S. 135.

29 Rudolf Steiner: *Esoterische Betrachtungen karmischer Zusammenhänge. Zweiter Band.* GA 236. Dornach [6]1988, S. 53 f.

An anderer Stelle hieß es:

> Wie wirkt denn eigentlich das Schicksal? Das Schicksal wirkt ja so, dass es aus der ganzen Einheit des Menschen heraus wirkt. Was der Mensch sich aufsucht im Leben aus einem Karmadrang heraus, was sich dann schicksalsmäßig gestaltet, das liegt ja daran, dass die Kräfte des Schicksals, die von Leben zu Leben gehen, die Blutzusammensetzung in ihrer Feinheit bewirken und bedingen, dass sie die Nerventätigkeit innerlich regeln, dass sie aber auch die seelisch-instinktive Empfänglichkeit für dies oder jenes anregen. Und man dringt nicht leicht in das Innere von schicksalsmäßigen, karmischen Zusammenhängen ein, wenn man nicht – natürlich immer vom seelischen Auge ist dabei gesprochen – Interesse hat für die einzelnen Lebensäußerungen eines Menschen. Wirklich, für die karmische Betrachtung ist es geradeso wichtig, Interesse zu haben für eine Handbewegung wie für eine geniale geistige Begabung. Es ist ebenso von Wichtigkeit, beobachten zu können – natürlich auch von der geistigen Seite her, nach astralischem Leib und Ich –, wie ein Mensch sich niedersetzt, wie beobachten zu können, sagen wir, wie er seinen moralischen Verpflichtungen nachkommt. Es ist ebenso wichtig, ob ein Mensch gerne die Stirne runzelt oder leicht die Stirne runzelt, wie es wichtig ist, ob er fromm oder unfromm ist. Es ist eben vieles von dem, was einem im gewöhnlichen Leben unwesentlich erscheint, außerordentlich wichtig, wenn man das Schicksal zu betrachten beginnt, wie es sich von Erdenleben zu Erdenleben hinwebt, und manches von dem, was einem als ganz besonders wichtig erscheint

> bei diesem oder jenem Menschen, das wird von einer geringeren Bedeutung.[30]

Rudolf Steiners Zuwendung zum Anderen war markant und von höchster Aufmerksamkeit erfüllt. Sie ermöglichte seinem Gegenüber, wie von Friedrich Rittelmeyer berichtet wurde, die Selbst-Offenbarung und innere Entfaltung – ein Vorgang, an dem Steiner durch seine selbstlos-intentionale Zuwendung beteiligt war und die als substanzielle Haltung seine gesamte Geistesforschung bestimmte. Rittelmeyer beschrieb, wie er eine Treppe hinaufstieg, um zu einem Gespräch mit Steiner zu kommen: «Oben in der halbgeöffneten Tür stand Rudolf Steiner, der eben einen anderen Gast entlassen hatte, und schaute mir höchst aufmerksam zu, wie ich langsam die Treppe heraufstieg. Ich habe nie einen Menschen so aufmerksam beobachten sehen, wie er es konnte. Es war, als ob er – ganz unbeweglich, aber selbstlos hingegeben – den anderen sich selbst gleichsam noch einmal erschaffen ließe, in einem feinen Element der eigenen Seele, das er ihm zu diesem Zweck darbot. Es war kein Nachdenken über den anderen, sondern mehr ein inneres geistiges Nachbilden, in dem das ganze Werden des anderen offenbar werden konnte.»[31]

In seinen Karma-Vorträgen machte Rudolf Steiner ansichtig, dass ohne das liebegetragene Interesse am Anderen und die aus diesem Interesse entstehenden Fragen keinerlei Fortkommen möglich ist. Im Jahr 1919 hatte er das «Sozialverständnis» in der gegebenen Gegenwart als Voraussetzung eines jeden zukünftigen «Schicksalsver-

---

30 Rudolf Steiner: *Esoterische Betrachtungen karmischer Zusammenhänge. Erster Band*. GA 235. Dornach [8]1994, S. 151.

31 Friedrich Rittelmeyer: *Meine Lebensbegegnung mit Rudolf Steiner*. Stuttgart [10]1983, S. 35.

ständnisses» beschrieben. Nicht die spirituelle Neugier, sondern das wirkliche Interesse an der Lebensgestalt und den Lebensintentionen des Anderen ist entscheidend, die tiefere Beschäftigung mit seinem Sein, auch in vordergründig unscheinbaren Momenten: «Eine [...] Anschauung [der Reinkarnation] gewinnt man nicht, wenn man über die zunächst sich aufdrängenden Äußerungen einer Persönlichkeit sinnt; man fühlt sie [vielmehr] erregt durch die solche Äußerungen scheinbar begleitenden, in Wirklichkeit aber sie unbegrenzt vertiefenden, in die Intuition eintretenden Züge der Individualität. Man gewinnt sie auch nicht, wenn man sie sucht, während man mit der Persönlichkeit zusammen ist, sondern erst dann, wenn der starke Eindruck nachwirkt und wie eine belebte Erinnerung wird, in der das im äußeren Leben Wesentliche sich auslöscht und das sonst ‹Unwesentliche› beginnt eine ganz deutliche Sprache zu reden. Wer Menschen ‹beobachtet›, um ihre vorangegangenen Erdenleben zu enträtseln, der kommt ganz gewiss nicht zum Ziele. Solche Beobachtung muss man wie eine Beleidigung empfinden, die man den Beobachteten zufügt; dann erst kann man hoffen, dass wie durch eine von der geistigen Außenwelt kommende Schicksalsfügung sich das Langvergangene des Menschen in dem Gegenwärtigen enthüllt.»[32] In seinen Karma-Vorträgen berichtete Rudolf Steiner in diesem Sinne von zahlreichen Beobachtungen und den durch sie eröffneten Wegen; häufig standen am Ausgangspunkt Eindrücke der Leibesgestalt und Lebensäußerung, des gefügten und bewegten Daseins, die in der Erinnerung belebt und «künstlerisch» ausgearbeitet werden mussten, in einem langen Prozess,

32 Rudolf Steiner: *Mein Lebensgang.* GA 28. Dornach [6]2000, S. 136.

der aktiv zu leisten war, ohne ein Ergebnis erzwingen zu können: «Man muss *vorbereiten* dasjenige, was man erhoffen kann, mehr oder weniger gnadevoll geoffenbart zu bekommen aus der geistigen Welt heraus.»[33] Gelingende Karma-Einsicht war in diesem Sinne für Rudolf Steiner weder Leistung noch reines Geschenk, sondern ein Ereignis auf dem Weg der inneren Suche, oft nach vielen Jahren der mühevollen Arbeit. Diese Einsicht setzt, wie er in den Karma-Vorträgen darstellte, die Bereitschaft voraus, mit «heiliger Scheu» auf das Schicksal eines konkreten Menschen blicken zu können, und impliziert ein «Hineinschauen in die tiefsten Zusammenhänge des Daseins in der Welt»[34]. Rudolf Steiner sprach von einer notwendigen «Erkenntnisandacht»[35], und die Zuhörer seiner Darstellungen erlebten diese vollgültig an ihm – seine wirkliche Demut, aber auch seine authentische Erschütterung durch die erkannten Zusammenhänge. «Wer nicht erschüttert werden kann von mancherlei karmischen Zusammenhängen, die hier vorgebracht werden, der kann überhaupt Karma nicht betrachten, der kann aber auch nicht vorrücken zu einer individuellen Betrachtung der karmischen Zusammenhänge.»[36]

*

Rudolf Steiners Karma-Vorträge waren von einem großen Ernst durchzogen und führten in hohe kosmische

---

33 Rudolf Steiner: *Esoterische Betrachtungen karmischer Zusammenhänge. Fünfter Band.* GA 239. Dornach [3]1985, S. 230.

34 Rudolf Steiner: *Esoterische Betrachtungen karmischer Zusammenhänge. Zweiter Band.* GA 236. Dornach [6]1988, S. 253.

35 Ebd., S. 264.

36 Ebd., S. 258.

Regionen; in Prag, Paris und Breslau begann er ab dem Frühjahr 1924 davon zu berichten, welche nachtodlichen planetarischen Sphären von der menschlichen Individualität durchlaufen werden und welche hierarchischen Kräfte an der Ausarbeitung des nächstens Erdenlebens dabei konkret beteiligt sind, d.h. er beschrieb, wie sich der nachtodliche und vorgeburtliche Weg der Schicksalsbildung kosmisch realiter vollzieht. «Ohne dass wir dabei in irgendeinen Hochmut verfallen, müssen wir uns gestehen, dass wir dem geistigen Urquell des Kosmos mit unserer eigenen Menschennatur verbunden sind und wir unsere eigene menschliche Natur nur verstehen, wenn wir den Kosmos geistig durchdringen.»[37] «Und eben dieses Erfassen der geistigen Gesetzlichkeit im Weltenall, das ist die Aufgabe der Anthroposophie in der Gegenwart.»[38] In den esoterischen Klassenstunden sprach Rudolf Steiner zeitgleich vom inneren Leben der großen kosmischen Mächte – im Hinblick auf den Menschen und sein schicksalstragendes und -gestaltendes Ich. Die Klassenstunden für die Mitglieder der Freien Hochschule für Geisteswissenschaft klangen mit den Karma-Vorträgen ab dem April 1924 zusammen und steigerten diese von Stufe zu Stufe zu einer realen kosmischen Anthropologie:

> Auf ein Weben und Arbeiten und Leben in der Reihenfolge der Hierarchien schaut man, wenn man auf das Schicksal eines Menschen hinschaut. Man sollte im Grunde genommen das Schicksal eines Menschen mit einer ungeheuren inneren Pietät, mit tiefer innerer Ehrfurcht betrachten, weil man, indem man das Schicksal

---

37 Rudolf Steiner: *Esoterische Betrachtungen karmischer Zusammenhänge. Fünfter Band.* GA 239. Dornach [3]1985, S. 60.

38 Ebd., S. 129.

eines Menschen betrachtet, vor der ganzen Welt der Götter steht. [...] Eigentlich sollten Biographen wissen, dass, indem sie in ein Menschenleben auch nur schildernd hineingreifen, sie in einer unsichtbaren Weise in alle Hierarchien hineingreifen.[39]

Wie schwierig – aber auch wie notwendig – individuelle Schicksalserkenntnis ist, versuchte Rudolf Steiner seinen Zuhörern seit Beginn seiner Karma-Vorträge Mitte Februar 1924 immer wieder zu verdeutlichen. Anthroposophie ist, ihrem ersten «Leitsatz» zufolge, ein Erkenntnisweg, «der das Geistige im Menschenwesen zum Geistigen im Weltenall führen möchte»[40]. Anthroposophie impliziert – so verstanden – Schicksalsforschung in ihrem innersten Kern und führt, als praktiziertes Schicksalsverständnis, zu Bescheidenheit in Anpassung an das «Weltendasein».[41] In dem Maße, wie ein wirkliches Schicksalsverständnis gelingt, erfährt das Leben, so Rudolf Steiner, eine «ungeheure Vertiefung» seines Inhaltes;[42] die Sinnstruktur des Daseins wird schrittweise aufgehellt, die Biographie des Einzelnen gewinnt nicht nur an Kontur und Klarheit, sondern in gewisser Weise auch an Wert und Würde. Das «aufgeklärte Karma», so führte er aus, «befestigt» den Menschen in seinen Lebensverhältnissen, «stellt einen auch an den Ort hin, wo man

39 Rudolf Steiner: *Esoterische Betrachtungen karmischer Zusammenhänge. Zweiter Band.* GA 236. Dornach [6]1988, S. 233.

40 Rudolf Steiner: *Anthroposophische Leitsätze. Der Erkenntnisweg der Anthroposophie – Das Michael-Mysterium.* GA 26. Dornach [10]1998, S. 14.

41 Rudolf Steiner: *Esoterische Betrachtungen karmischer Zusammenhänge. Zweiter Band.* GA 236. Dornach [6]1988, S. 49.

42 Rudolf Steiner: *Esoterische Betrachtungen karmischer Zusammenhänge. Sechster Band.* GA 240. Dornach [5]1992, S. 55.

lebt mit seinem Erdendasein»[43]. Rudolf Steiner sprach von der «Gelassenheit» gegenüber dem eigenen Schicksal, die sich bei zunehmender Erkenntnis ergebe bzw. erzielt werden könne. Diese unerschütterliche Sicherheit im Verfolg der eigenen Lebensarbeit und die offenkundige Annahme auch schwerer biographischer Umstände, äußerer Hindernisse und Einbrüche, hatten seine Schüler und Freunde seit Jahren an ihm selbst erlebt – nicht nur nach dem Brand des Goetheanum. Ahnbar wurde in den Karma-Vorträgen des Jahres 1924 zumindest einzelnen Hörern, dass die Standfestigkeit und der Zukunftsmut Rudolf Steiners mit seiner Gewinnung des wahren Ichs verbunden war – obwohl er in allgemeingültiger und keineswegs persönlicher Weise sprach:

> Man wird [...] niemals den Fall erleben, dass man bei einer wirklichen Einsicht in das Karma mit diesem Karma nicht einverstanden ist. [...] Denn wir sind eigentlich unser Karma selbst. Das, was da herüberkommt aus früheren Erdenleben, das sind wir eigentlich selber [...]. Der Mensch ist eigentlich, wenn er sich nicht dazu bequemt, eine gewisse Gelassenheit zu entwickeln gerade in Bezug auf sein Schicksal, wenn er mit seinem Schicksal grollt, wenn er, von sich aus natürlich, mit seinem Schicksal unzufrieden ist, wenn er in das Schicksal durch subjektive Entschlüsse hineinpfuscht, da ist der Mensch eigentlich so, wie wenn er fortwährend die Götter stören würde bei der Bildung seines Schicksals. Man kann eigentlich nur in seinem Schicksal leben, wenn man mit Gelassenheit das Leben hinnehmen kann. Und empfinden, wie das Schicksal

43 Rudolf Steiner: *Esoterische Betrachtungen karmischer Zusammenhänge. Fünfter Band.* GA 239. Dornach [3]1985, S. 190.

> wirkt, das gehört eben zu den Dingen, die mit starken Prüfungen der Menschennatur verknüpft sind. Und kann der Mensch wirklich dazu gelangen, es mit seinem Schicksal ernst zu nehmen, dann wird er gerade aus dem Erleben seines Schicksals die größten Antriebe erfahren können, die stärksten Impulse aufnehmen können, um mit der geistigen Welt zu leben.[44]

«Freier und bewusster» vermag der Mensch bei gelingender Schicksalseinsicht die ihm aufgegebenen Arbeiten zu leisten; in der Begegnung mit dem Anderen aber entsteht eine vertiefte Achtung vor dessen Sein und Intentionen, seinem «fremden Wollen». Wirkliche Schicksalserkenntnis fördert Menschenverständnis und Liebe.

*

Seine Karma-Vorträge, die – nach langer Vorbereitung – ab dem Juli 1924 damit begannen, das «Karma der Anthroposophischen Gesellschaft» zu thematisieren, hielt Rudolf Steiner im Nachgang jener Weihnachtstagung, auf der er sein eigenes Schicksal bis zu einem gewissen Ausmaß mit dem der anthroposophischen Gemeinschaft verbunden hatte.[45] Benedictus, so hatte Steiner im Eingang des vierten und letzten Mysteriendramas 1913 betont, sei nun «mit seinem eigenen Seelenschicksale in die Seelenerlebnisse seiner Schüler verwoben» zu denken.[46] Von einem «Opfer» Rudolf Steiners auf der Weih-

---

44 Rudolf Steiner: *Esoterische Betrachtungen karmischer Zusammenhänge. Zweiter Band.* GA 236. Dornach [6]1988, S. 230.

45 Vgl. u. a. Sergej O. Prokofieff: *Menschen mögen es hören. Das Mysterium der Weihnachtstagung.* Dornach [1]2002.

46 Rudolf Steiner: *Vier Mysteriendramen.* GA 14. Dornach [5]1998,

nachtstagung sprach später nicht nur Marie Steiner-von Sivers;[47] unübersehbar war, dass Rudolf Steiner erst *nach* der vollzogenen Vereinigung der anthroposophischen Bewegung mit der Anthroposophischen Gesellschaft die Hintergründe der Gesellschaft im Einzelnen beschrieb.[48] Die Karma-Vorträge waren Darstellungen «unter dem Einflusse der Weihnachtstagung» und aus ihrer «Verantwortung». Die Weihnachtstagung oder vielmehr das ihr zugrunde liegende Geschehen hatte sie möglich, offensichtlich aber auch notwendig gemacht. «Ich will Ernst machen mit der Betrachtung des Karma.»[49]

Tatsächlich waren nahezu *alle* Mitgliedervorträge, die Rudolf Steiner 1924 in Dornach – jenseits seiner Fachkurse – hielt, in gewisser Weise auch «Karma-Vorträge», bis hin zur «letzten Ansprache» vom 28. September. Die Vielfalt der innerhalb dieser Vorträge entfalteten Themen war groß, in geistes- wie kulturgeschichtlicher, irdischer wie kosmischer Hinsicht; dennoch waren nahezu alle Motive dem Karma-Thema zugeordnet. Steiner sprach 1924 vor einzelnen Berufsgruppen über Perspektiven und Veränderungsimpulse in den einzelnen Fachbereichen der Hochschule – und für die Mitglieder der Ge-

---

S. 399.

47 «Statt nun, wie er es sich vorher überlegt hatte, ein neues Werkzeug für sein geistiges Wirken zu schaffen, entschloss er sich, das Opfer seiner Person zu bringen.» (Brief Marie Steiner-von Sivers' an Richard Dürich, 3.9.1947. In: *Briefe und Dokumente.* Hg. Hella Wiesberger. Dornach 1981, S. 333)

48 «Denn damit, dass ich selber Vorsitzender der Gesellschaft geworden bin, ist die anthroposophische Bewegung eins geworden mit der Anthroposophischen Gesellschaft.» Rudolf Steiner: *Esoterische Betrachtungen karmischer Zusammenhänge. Sechster Band.* GA 240. Dornach [5]1992, S. 203.

49 Ebd., S. 41.

sellschaft über Fragen der Schicksalserkenntnis. Auf der Basis dieser Mitgliedervorträge (sowie der *Leitsätze* und der Aufsätze *An die Mitglieder!*) sollten sich ohne Zweifel grundlegende Bewusstseins- und Reformprozesse der Allgemeinen Anthroposophischen Gesellschaft ergeben, das letztgültige Aufwachen des Einzelnen und der Gemeinschaft, das 1923 trotz der vorausgegangenen Brandkatastrophe weitestgehend gescheitert war.[50] Das «Ernstmachen» mit der «Betrachtung» des Karma gehörte zur zentralen Lehraufgabe Rudolf Steiners; das «Ernstnehmen» und Umsetzen der von ihm eröffneten Zusammenhänge von Seiten der Mitglieder und Berufsgruppen war dagegen die Hoffnung, die er mit diesen Darstellungen verband. Nichts lag Rudolf Steiner im Krisenjahr 1924 ferner, als «interessante» Vorträge zu halten. Alles von ihm Formulierte – obgleich zumeist ruhig im Ton und in klarem Aufbau – hatte bei näherer Betrachtung Aufweck- oder Aufforderungscharakter. Die geistige Welt, so hatte er auf der Weihnachtstagung gesagt, erwarte von den spirituell gesinnten Menschen der Gegenwart etwas – und bereits im November 1923 hatte es in einem Vortrag geheißen: «Indem wir in die geistige Welt hineinschauen, in die Welt, wo göttlich-geistige Wesenheiten schaffend an unserem individuellen Dasein tätig sind, schauen wir damit hinein in etwas, von dem man sieht, da wird auf uns gewartet [...]. So führt uns die ins Menschliche vertiefte Geisteserkenntnis dazu, die Entscheidung darüber zu treffen, ob wir hingelangen oben in jenes Gebiet des menschlichen Miterlebens des Geistigen, wo auf uns gewartet wird, oder ob wir – wir gehen ja doch durch Geburten und Tode hin – einmal an jenem Punkte an-

---

50 Vgl. u. a. Peter Selg: *Die anthroposophische Weltgesellschaft und ihre Hochschule*. Dornach 2023.

kommen werden, wo uns einst das vorwurfsvolle Wort entgegentönen wird: *Auf dich ist gewartet worden – und du bist nicht gekommen!*»[51] Rudolf Steiners Schüler und Freund Christian Morgenstern schrieb in seinem Gedicht «Verantwortung»:

Wir stehn hier müßig hin und her –
Und droben wartet man auf uns!
Wir gehn hier müßig hin und her.

In unsrer Treue lebt kein Ernst –
Und droben rechnet man auf uns;
In unsrer Treue wirkt kein Ernst.

Nicht oben und nicht unten wächst
Aus solcher Hülfe Sinn und Sieg.
So droben und so drunten wächst

Aus solcher Halbheit Scham und Gran,
Die Götter droben darben und
Die Menschen welken. Grauer Gran

Zersetzt das Liebeswerk der Welt.[52]

In Rudolf Steiners Karma-Kursen war nur indirekt und in allenfalls andeutenden Passagen von der Not der Zeit die Rede, in der die Anthroposophische Gesellschaft als michaelische Gemeinschaft eingreifen sollte. Auch die

---

51 Rudolf Steiner: *Der übersinnliche Mensch, anthroposophisch erfasst.* GA 231. Dornach [4]1999, S. 54.

52 Christian Morgenstern: «Verantwortung». In: *Werke und Briefe.* Stuttgarter Ausgabe. Hg. Reinhard Habel. Band II: Lyrik 1906–16. Stuttgart 1992, S. 251.

Fachkurse Rudolf Steiners des Jahres 1924 im Bereich der Medizin und Pädagogik, Heilpädagogik und Landwirtschaft handelten nur vereinzelt von den schweren Sorgen um die zivilisatorische Zukunft, die Steiner in sich trug. Seine fachlichen Ausführungen waren dem unbedingten Aufbau und erkenntnisgeleiteten Neuanfang, nicht dagegen der Analyse der Probleme und Abgründe gewidmet – und in den Karma-Vorträgen sprach Rudolf Steiner im Wesentlichen von Wegen zum vertieften Verständnis des Du und Wir, des geschichtlichen Werdens und der Aufgaben spiritueller Gemeinschaften. Offensichtlich war 1924 jedoch im gesamtgesellschaftlichen Maßstab, dass der bedürfnisegoistisch ausgerichtete Kapitalismus, seine maximale Ausnutzung und faktische Entwertung des Lebens – im Verein mit totalitär-autoritären Machtstrukturen – dabei war, die Grundlagen der menschlichen und ökologischen Sozietät zu zerstören und das Karma des Individuums, möglicherweise aber auch ganzer Menschengruppen «totzuschlagen», wie Rudolf Steiner in seinem vorletzten Vortrag vor den «jungen Medizinern» in Dornach sagte.[53] Die von ihm bereits zehn Jahre zuvor beschriebene «Kultur der Selbstlosigkeit»[54] war im großen Maßstab nicht in Sicht, weit eher ihr Gegenteil. Von der «Freigabe der Vernichtung lebensunwerten Lebens» und von «Euthanasie», vom «eliminatorischen» Antisemitismus und Rassismus sprachen Rudolf Steiners Schicksalsvorträge nicht; auf

---

53 Rudolf Steiner: *Meditative Betrachtungen und Anleitungen zur Vertiefung der Heilkunst. Vorträge für Ärzte und Medizinstudierende.* GA 316. Dornach [5]2009, S. 204.

54 Vgl. Rudolf Steiner: *Vorstufen zum Mysterium von Golgatha.* GA 152. Dornach [3]1990, S. 151 und Peter Selg: *Die Kultur der Selbstlosigkeit. Rudolf Steiner, das Fünfte Evangelium und das Zeitalter der Extreme*, Dornach [3]2010.

der anderen Seite war für jeden wachen, geschichtlich urteilsfähigen Hörer und Zeitgenossen vom 16. Februar bis zum 28. September 1924 verstehbar, welche menschheitlichen Zukunftsfragen mit dem Gelingen oder Misslingen der von Steiner beschriebenen Vorgänge im Kontext der Hochschulgründung verbunden waren. Seine fachlichen Unterweisungen im Bereich der Medizin, Pädagogik und Heilpädagogik, aber auch der Landwirtschaft waren um die menschliche Individualität, um ihr Lebensrecht und ihre jeweils eigene Lebensentfaltung *auf Erden* zentriert – im Werden des Kindes, in Gesundheit, Krankheit und Heilung, in der Erfüllung von Aufgaben und in der Überwindung von mannigfaltigen Hindernissen. In seinen fachwissenschaftlichen Vorträgen des Jahres 1924 ging Rudolf Steiner nur selten explizit auf schicksalhafte Zusammenhänge in der Bildung und im Lebensvollzug des Menschenwesens ein; dennoch war diese Dimension, die in den allgemein-anthroposophischen Vorträgen im Einzelnen entfaltet wurde, auch in den fachlichen Unterweisungen präsent – «als der eigentliche Substanzstrom in der Hochschule für Geisteswissenschaft» (Fritz Götte[55]). Indirekt deutlich wurde, wie viel davon abhing, ob es in der Folgezeit gelingen würde, den Begriff der menschlichen Individualität und Lebensentfaltung – entgegen ganz anders gearteten Haltungen und Willensstrebungen – in den verschiedenen Fachwissenschaften und Lebensfeldern zu beheimaten.

*

55 Fritz Götte: «Rudolf Steiners eigentliche Mission». In: *Mitteilungen aus der anthroposophischen Arbeit in Deutschland*, Nr. 71, 1965, S. 15.

Rudolf Steiner setzte auf die Aktivität der anthroposophischen Bewegung in den verschiedenen Gebieten der Zivilisation – auf den unbedingten Einsatz und ein konzentriertes, couragiertes Vorgehen in humanistischer Ausrichtung. Die Mitglieder der Allgemeinen Anthroposophischen Gesellschaft konnten Steiners Karma-Vorträge bis zum Juli 1924 möglicherweise als ergänzendes, anthropologisch-kosmologisches oder gar historisch-biographisches Kapitel seiner systematischen Lehrunterweisung über den Menschen und seine Stellung in der Welt hören – und *verkennen*. Spätestens ab dem 18. Juli 1924, als er begann, über das Schicksal der Anthroposophischen Gesellschaft als einer Michaelsbewegung zu sprechen, wurde dann jedoch sehr deutlich, dass es Rudolf Steiner um mehr und anderes ging – um etwas, das, «ich möchte sagen, uns ganz intim selber angeht», wie er bereits Anfang April 1924 betont hatte.[56] Die Karma-Vorträge waren keine anthroposophische Beigabe, sondern eine entscheidende Hilfe für die zukünftige Arbeit; sie blickten zurück und dienten der Selbstvergegenwärtigung des Einzelnen und der Gemeinschaft um der Zukunft willen.

Die «im Geiste gelesene» Geschichte,[57] von der Rudolf Steiner in seinen über 80 Karma-Vorträgen sprach, die «intimeren Fragen des geschichtlichen Werdens der Menschheit»,[58] betrafen eine Vielzahl von Einzelschicksalen, darunter Persönlichkeiten, mit denen er sich be-

---

56 Rudolf Steiner: *Esoterische Betrachtungen karmischer Zusammenhänge. Zweiter Band.* GA 236. Dornach [6]1988, S. 15.

57 Rudolf Steiner: *Esoterische Betrachtungen karmischer Zusammenhänge. Dritter Band.* GA 237. Dornach [8]1991, S. 29.

58 Rudolf Steiner: *Esoterische Betrachtungen karmischer Zusammenhänge. Sechster Band.* GA 240. Dornach [5]1992, S. 103.

reits in Wien beschäftigt oder auseinandergesetzt hatte, und reichten bis zum Schicksal seines Wiener Hochschullehrers Professor Karl Julius Schröer, das im letzten Karma-Vortrag der fortlaufenden Reihe behandelt wurde. Neben der Methodik und Ethik der Karma-Forschung waren Steiners Darstellungen auf entscheidende Kräfte und Wirkmächte des geschichtlichen Werdens anhand ausgewählter Individualitäten zentriert, die Träger zukunftsfördernder oder -hemmender Entwicklungen waren. Die Schilderung der einzelnen, von Rudolf Steiner beschriebenen Persönlichkeiten war genau und subtil; dennoch geschah sie in den seltensten Fällen an und für sich, d.h. um ihrer selbst willen. Thematisiert und anschaulich gemacht wurden vielmehr die Impulse, «die herein wollen, mit aller Kraft herein wollen aus der übersinnlichen Welt in die Welt der Menschheit in der Gegenwart»,[59] in menschheitsfördernder *oder* -zerstörender Weise. Die Menschen waren kein «Medium», sondern vielmehr die handelnden Gestalten geschichtswirksamer und -bildender Kräfte, darunter jener Kräfte, die mit der Wirksamkeit des Christus-Impulses (und seines Gegenteils) verbunden sind. Die die Einzelnen antreibenden und zusammenführenden Motive lagen in ihrem Schicksalsgang begründet; Neuanfänge waren möglich, ereigneten sich jedoch vor dem Hintergrund dessen, was geschichtlich und geistig präformiert war und erkannt werden musste, auch im Hinblick auf die Menschen, die sich der Anthroposophie zugehörig fühlten: «In unserer heutigen materialistischen Zeit kann ja eigentlich aus

59 Rudolf Steiner: *Die Konstitution der Allgemeinen Anthroposophischen Gesellschaft und der Freien Hochschule für Geisteswissenschaft. Der Wiederaufbau des Goetheanum (1924–1925)*. GA 260a. Dornach [2]1987, S. 373.

allen Erziehungs- und Lebensverhältnissen heraus ein Mensch zu so etwas wie zur Anthroposophie ehrlich nur dadurch kommen – sonst ist eben sein Kommen unehrlich –, dass er einen karmischen Impuls in sich hat, der ihn zum Geistigen treibt. Dieser karmische Impuls ist die Zusammenfassung alles dessen, was in der Weise durchgemacht worden ist vor dem Herabstieg in dieses Erdenleben, wie ich es geschildert habe.»[60] Angesichts dieser Tatsache erhoffte Rudolf Steiner durch seinen Vorträge, «dass ein ganz neues Verständnis nach und nach erwacht für das Wesen der Anthroposophischen Gesellschaft»[61], und er setzte darauf, dass die zu einer größeren Wachheit und Klarheit kommenden Mitglieder in der Lage sein würden, sich bewusst «den großen Angelegenheiten» zuzuwenden[62] – den geistigen, zivilisatorischen und sozialen Aufgabenstellungen, die mit der Anthroposophischen Gesellschaft und ihrer Freien Hochschule für Geisteswissenschaft verbunden sind. Sich klar darüber zu werden, «was geistig-kosmisch einer solchen Gemeinschaft zu Grunde liegt, wie es die Anthroposophische Gesellschaft ist», bezeichnete Rudolf Steiner in diesem Sinne im Verlauf der ersten Juliwoche des Jahres 1924 als eine – oder *die* – zentrale Zielsetzung seines Vortragskurses[63] – und dies auch dann, wenn die Prämissen und Intentionen des

---

60 Rudolf Steiner: *Esoterische Betrachtungen karmischer Zusammenhänge. Dritter Band.* GA 237. Dornach [8]1991, S. 148 f.

61 Ebd., S. 58 f.

62 Rudolf Steiner: *Esoterische Betrachtungen karmischer Zusammenhänge. Zweiter Band.* GA 236. Dornach [6]1988, S. 286 f.

63 Rudolf Steiner: *Esoterische Betrachtungen karmischer Zusammenhänge. Dritter Band.* GA 237. Dornach [8]1991, S. 50.

anthroposophischen Zusammenschlusses «nur langsam und allmählich» zum Bewusstsein kommen können.[64]

Zu der anthroposophischen Gemeinschaft oder den zur Anthroposophie inklinierenden Seelen, so machte Rudolf Steiner deutlich, gehörten viele Menschen, deren tatsächliches Leben im 20. Jahrhundert dies nicht oder kaum erkennen ließ. Darüber hatte er bereits in den vorausgegangenen Jahren oft gesprochen; nun deutete er an, dass seinen diesbezüglichen Aussagen sehr konkrete Einsichten zu Grunde lagen: «Es gibt in der Welt heute viele Menschen, die man da oder dort findet und von denen man, wenn man ihren Zusammenhang mit ihrem vorirdischen Dasein ins Auge fasst, eigentlich sagen muss: sie sind durch dieses vorirdische Dasein für die Anthroposophische Gesellschaft bestimmt gewesen und können durch gewisse Ereignisse nicht den Weg in dieselbe finden. – Viel mehr solcher Menschen, als man denkt, gibt es.»[65] Rudolf Steiners Darstellungen vom Sommer 1924 waren dann um die Beziehungen der geistig-anthroposophischen Bewegung zur Michael-Wesenheit, zum Christus-Ereignis und zum Schicksal der «kosmischen Intelligenz» zentriert. Steiner skizzierte verschiedene Gruppen von Menschenseelen, die der Anthroposophie im 20. Jahrhundert angehörten, aber auf unterschiedlichen Schicksalswegen und mit unterschiedlichen Akzentuierungen zu ihr fanden. Er charakterisierte dabei auch ihren je besonderen Beitrag zur Zukunft der anthroposophischen Bewegung auf Erden – und damit zu dem, was er in erster Linie als einen Kampf um die Zukunft der menschlichen Intelligenz verstand und beschrieb. Insofern und insoweit es den Anthroposophen in den kommenden Jahrzehnten

64 Ebd.

65 Ebd., S. 51

gelingen würde, «mit Herzensimpulsivität Anthroposophie auf[zu]nehmen als [...] tiefste Lebenskraft»[66], würden sie einen wesentlichen, ja entscheidenden Beitrag zur Humanisierung der Intelligenz leisten können – entgegen ihrer ahrimanisch-technischen Instrumentalisierung, zugunsten einer wirklichen Herzensintelligenz sonnenhaft-michaelischer Ausrichtung. Als Bewusstseinsvoraussetzung für die Gewahrwerdung der eigenen Wesenheit und Bedeutung beschrieb Rudolf Steiner den Mitgliedern der Anthroposophischen Gesellschaft ihren eigenen Mysterienhintergrund; die Anthroposophische Gesellschaft war seinen Ausführungen zufolge insofern eine reale Mysteriengemeinschaft, als die ihr zugehörigen Seelen unter michaelischer Führung im 2. Jahrtausend nach Christus intensive Erlebnisse in der geistigen Welt geteilt hatten, in ideeller und kultischer Weise – Erlebnisse, die im Kern eine Rekapitulation und Durchchristung des alten Mysterienwesens bedeuteten. Rudolf Steiners Ausführungen zum alten Mysterienwesen, die der Weihnachtstagung unmittelbar vorausgegangen waren,[67] setzten, wie im Verlauf der Karma-Vorträge immer deutlicher wurde, an diesem gemeinsamen Erlebnishintergrund an und bereiteten die Weihnachtstagung und die mit ihr verbundene neue Gemeinschaftsbildung in dieser Schicksalsausrichtung vor. Das Bewusstsein der Mysteriengemeinschaft, in die die Einzelnen eingetreten waren und für die sie nunmehr sukzessive aufwachen sollten, bildete die Voraussetzung eines intensivierten Zusammenschlusses und einer wirklichen, voneinander wissenden Zusammenarbeit – in der Gewahrwerdung des eigenen Karmas und

---

66 Ebd., S. 141.

67 Vgl. Rudolf Steiner: *Mysteriengestaltungen*. GA 232. Dornach 1998.

des Schicksalsweges der anderen, in gemeinsamer Arbeit und Verantwortung. Die von Michael vorgeburtlich zusammengeführten und zur künftigen Zivilisationsarbeit geeinten Seelen sollten sich in ihrem Wirken wiederfinden; sie sollten sich gegenseitig ergänzen, Geist-Erinnern üben und gemeinsam in die Zukunft gehen.

*

Das Bild der Jahrhundertzukunft, das Rudolf Steiner im Juli und August 1924 entwarf, trug unzweifelhaft apokalyptische Züge. Steiner sprach von der am Ende des 20. Jahrhunderts kommenden und kulminierenden «Zeit der großen Entscheidungen». Er sprach von jener «großen Krisis, von der eigentlich die heiligen Bücher aller Zeiten sprechen und die für unser Zeitalter im Grunde gemeint ist»[68] – und deutete an, dass die dann «letztgültig» getroffenen Entscheidungen bei positivem Ausgang die «Rettung der Erde, der Erdenzivilisation vor dem Verfall» bedeuten würden.[69] Die Weihnachtstagung charakterisierte Rudolf Steiner in diesem Zusammenhang als den Beginn eines Impulses, der am Ende des 20. Jahrhunderts wiederaufgenommen und entschieden fortgeführt werden müsse – «um das, was heute mit starker Kraft als anthroposophische Bewegung begründet werden soll, zur vollen Kulmination zu bringen»[70] und der anthroposophischen Bewegung dadurch zu ermöglichen, «für die weitere Entwickelung des geistigen, des spiritu-

---

68 Rudolf Steiner: *Esoterische Betrachtungen karmischer Zusammenhänge. Dritter Band.* GA 237. Dornach [8]1991, S. 140.

69 Ebd., S. 142.

70 Rudolf Steiner: *Esoterische Betrachtungen karmischer Zusammenhänge. Sechster Band.* GA 240. Dornach [5]1992, S. 307.

ellen Lebens auf der Erde» zu wirken.[71] Im Verlaufe des 20. Jahrhunderts werde, so Rudolf Steiner, die Menschheit entweder «am Grabe aller Zivilisation» stehen oder am Anfange desjenigen Zeitalters, «wo in den Seelen der Menschen, die in ihrem Herzen Intelligenz mit Spiritualität verbinden, der Michael-Kampf zugunsten des Michael-Impulses ausgefochten wird.[72] Das Schicksal des Menschen und der Erde – damit in gewisser Weise auch des Kosmos[73] – stehe auf dem Spiel. «Es geht um Großes, es geht um Riesiges!»[74]

Ob die Aufnahme und gesteigerte Weiterführung des mit der Weihnachtstagung begonnenen Michael-Impulses am Ende des 20. Jahrhunderts im Zusammenwirken wesentlicher Individualitäten gelingen konnte, machte Rudolf Steiner im Juli 1924 in Arnheim nicht zuletzt vom Verständnis und von der Verinnerlichung des esoterischen Impulses der Weihnachtstagung abhängig, d. h. vom spirituellen Ergreifen und Realisieren der Anthroposophischen Gesellschaft und ihrer Freien Hochschule für Geisteswissenschaft.[75] Es gehe in der Gegenwart darum, so sagte er, die «Möglichkeit» einer gesteigerten Wirk-

---

71 Ebd., S. 185.

72 Ebd., S. 183.

73 Vgl. Rudolf Steiner: «Was ist die Erde in Wirklichkeit im Makrokosmos?» In: *Anthroposophische Leitsätze. Der Erkenntnisweg der Anthroposophie – Das Michael-Mysterium.* GA 26. Dornach [11]2013, S. 197 ff.

74 Rudolf Steiner: *Esoterische Betrachtungen karmischer Zusammenhänge. Sechster Band.* GA 240. Dornach [5]1992, S. 181.

75 Vgl. a. Sergej O. Prokofieff: *Die Karma-Forschung Rudolf Steiners und die Aufgaben der Anthroposophischen Gesellschaft,* Dornach 1994; *Die Anthroposophische Gesellschaft und das Wesen Anthroposophia. Das Jahrhundertende und die Aufgaben der Anthroposophischen Gesellschaft.* Dornach 1999.

samkeit am Ende des 20. Jahrhunderts vorzubereiten.[76] Die Anthroposophen des 20. Jahrhunderts dürften sich, so Steiner, diese Möglichkeit nicht «verscherzen»[77], was von ihrem freien Willen und von ihrem Verständnis der Weihnachtstagung, ihren Intentionen und Konsequenzen, abhängig sei. Verstehe es die Anthroposophische Gesellschaft, «im rechten Sinne hingebend die Anthroposophie zu pflegen» und eine wirkkräftige spirituelle Gemeinschaft auszubilden[78], dann bestünden tatsächliche Chancen für einen Erfolg in letzter Minute und in globaler Hinsicht. «Kann so gearbeitet werden, wie es von Michael vorbestimmt, prädestiniert ist, dann kommt Europa, dann kommt die moderne Zivilisation heraus aus dem Niedergang. Aber auf keine andere Weise sonst! Dieses Herausführen der Zivilisation aus dem Niedergang ist verbunden mit dem Verständnis von Michael.»[79] Ob «das Menschengeschlecht auf der Erde [in hundert Jahren] überhaupt noch in einem menschenwürdigen Dasein da sein werde», bezeichnete Rudolf Steiner im März 1924 als unklar.[80] Die Aufgabe der in der Anthroposophischen Gesellschaft vereinigten Anthroposophen aber bestehe darin, aktiv an den notwendigen Humanisierungsprozessen teilzunehmen; das aber hieß im Sinne der Arnheimer Ausführungen: daran mitzuwirken, dass die Intelligenz nicht Ahriman, seiner Technologie und

76 Rudolf Steiner: *Esoterische Betrachtungen karmischer Zusammenhänge. Dritter Band.* GA 237. Dornach [8]1991, S. 102.

77 Rudolf Steiner: *Esoterische Betrachtungen karmischer Zusammenhänge. Sechster Band.* GA 240. Dornach [5]1992, S. 161

78 Ebd.

79 Ebd., S. 180.

80 Rudolf Steiner: *Esoterische Unterweisungen für die erste Klasse der Freien Hochschule für Geisteswissenschaft am Goetheanum 1924.* GA 270a. Dornach [3]2008, S. 94

dem wirksamen Bösen vollständig verfällt. Michael solle sie in Zukunft auf der Erde «wiederfinden» können – im Herzen der Menschen.

Auf der Weihnachtstagung hatte Rudolf Steiner betont, in Dornach werde in Zukunft direkt von der Esoterik der anthroposophischen Bewegung die Rede sein – «wenn Dornach seine Aufgabe erfüllen will, dann muss hier offen von dem, was in der geistigen Welt vorgeht geschichtlich, was in der geistigen Welt vorgeht als Impulse, die dann in das natürliche Dasein hineingehen und die Natur beherrschen, es muss in Dornach von wirklichen Erlebnissen, von wirklichen Kräften, von wirklichen Wesenheiten der geistigen Welt der Mensch hören können. [...] Man muss sozusagen in Dornach Kraft gewinnen können, sich – geistig sei es gemeint – Auge in Auge der geistigen Welt wirklich gegenüberzustellen, von der geistigen Welt zu erfahren. [...] In Dornach wird ein Mittelpunkt geistiger Erkenntnis geschaffen werden.»[81] In diesem Duktus wurden nach der Weihnachtstagung die esoterischen Klassenstunden für die Hochschulmitglieder gehalten – aber auch die Karma-Vorträge, wie in ihrem Verlauf, spätestens ab Juli 1924, immer deutlicher wurde. Nie zuvor hatte Rudolf Steiner in dieser Weise – *wesenhaft* – über jene himmlische Macht gesprochen, die er mit dem Michael-Namen bezeichnete, von ihrer Beziehung zur Sonne, zur Christus-Wesenheit, zum Mysterium von Golgatha und zum Schicksal der Menschheit. Nie zuvor war auch nur annähernd so deutlich geworden, in welch direktem Bezug die anthroposophische Bewegung und Gemeinschaft zu dieser Michael-Macht und ihren Inten-

---

81 Rudolf Steiner: *Die Weihnachtstagung zur Begründung der Allgemeinen Anthroposophischen Gesellschaft 1923/24*. GA 260. Dornach [5]1994, S. 276 f.

tionen steht. Rudolf Steiner schilderte in seinen Karma-Vorträgen in überaus eindringlicher Weise das Wirken von «michaelischen» Bewegungen der Vergangenheit, die im Sinne von «Christus-Michael» in der Geschichte wirksam geworden waren; er schilderte, in Anknüpfung an seine Abendvorträge der Weihnachtstagung und des Stuttgarter Kurses über «okkulte Geschichte» Ende 1910,[82] die großen Wirkimpulse von Aristoteles und Alexander in der vorchristlichen Michaels-Zeit des vierten Jahrhunderts, aber auch den geschichtlichen Einsatz der Artus- und Gralsströmung, der Schule von Chartres und der Dominikaner – in ihrem jeweiligen Beitrag zur Durchchristung und damit Humanisierung der Zivilisation, zur Förderung des Menschen als Menschen, zur Grundlegung eines geistgemäßen Menschenbildes und zur Schaffung entsprechender Sozialformen. Er beschrieb aber auch die ihnen entgegenarbeitenden Kräfte und Mächte – und zeigte auf, in welchen Schicksalsbezügen die anthroposophische Gemeinschaft zu ihren Vorläufern steht und welche spezifische Aufgabe sie in der Gegenwart zu erfüllen hat. Die Karma-Vorträge sollten der Anthroposophischen Weltgesellschaft eine Geschichts- und Selbsterkenntnis als Voraussetzung eines klaren und gezielten, gemeinsamen Wirkens ermöglichen[83] und damit zugleich den geistesgeschichtlichen Ort und die Bedeutung der Hochschule bestimmen. Sie sollten Initiativ-

---

82 Vgl. Rudolf Steiner: *Okkulte Geschichte. Esoterische Betrachtungen karmischer Zusammenhänge von Persönlichkeiten und Ereignissen der Weltgeschichte*. GA 126. Dornach [5]1992.

83 Vgl. hierzu u.a. Hans Peter van Manen: *Christussucher und Michaeldiener. Die karmischen Strömungen der anthroposophischen Bewegung*, Dornach 1980; Malte Diekmann: *Der Kreis der Mysterienströmungen. Karmische Gruppen in der Anthroposophischen Gesellschaft und Bewegung*, Sammatz 2005.

kräfte fördern und freisetzen – in der Gewahrwerdung und Erkenntnis der gegebenen geschichtlichen Situation und im Willenseinsatz für das «Gute» aus moralischer Intuition. Es gehe um die, so Steiner, «Energisierung des Mutes»[84]. *«Jetzt weiß man wenigstens, wozu man da ist auf der Welt»*, schrieb Madeleine van Deventer im Nachklang der Arnheimer Karma-Vorträge in einem Briefbericht an ihre Freundin Helene von Grunelius am 1. August 1924.[85]

*

Rudolf Steiner ging mit seinen Karma-Vorträgen ein hohes Risiko ein, dessen er sich von Anfang an bewusst war. Ihre Abhaltung war ein «bedenklicher Entschluss», wie er selbst sagte.[86] Er sprach von «gewagten Dingen», deren Thematisierung jedoch nicht vermieden werden könne,[87] und räumte in seinem Vortrag vom 16. März 1924 in Dornach ein:

> Nun, ich gestehe, ich muss mir immer jetzt die Frage stellen: Soll ich, oder soll ich nicht? Aber ich meine, es hilft ja nichts, wenn man von diesen Dingen nur in Abstraktionen redet. Und so müssen schon alle Rücksichten beiseite gesetzt werden, um in konkreten Fällen von den Dingen zu reden, die da sind. Möge die Welt

---

84 Rudolf Steiner: *Esoterische Betrachtungen karmischer Zusammenhänge. Zweiter Band.* GA 236. Dornach [6]1988, S. 65.

85 Nachlass Helene von Grunelius. Ita Wegman Institut, Arlesheim. Vgl. a. Peter Selg: *Helene von Grunelius und Rudolf Steiners Kurse für junge Mediziner*, Dornach 2003, S. 175.

86 Rudolf Steiner: *Esoterische Betrachtungen karmischer Zusammenhänge. Erster Band.* GA 235. Dornach [8]1994, S. 151.

87 Ebd., S. 196.

> die Sache nehmen, wie sie sie eben nehmen kann. Für die Verbreitung von Anthroposophie bestehen innerliche geistige Notwendigkeiten. Man fügt sich dem, was sozusagen in einem angeregt wird aus den geistigen Notwendigkeiten heraus und treibt keine nach außen gehende «Opportunität»: Opportunität hat ja der Anthroposophischen Gesellschaft genugsam geschadet; sie soll in Zukunft nicht weiter getrieben werden. Und selbst wenn die Dinge recht paradox wirken sollten, so sollen sie doch in der Zukunft einfach gerade gesagt werden.[88]

Rudolf Steiner fürchtete nicht den Hohn und Spott der Nicht-Anthroposophen, in deren Hände die gedruckte Fassung des Karma-Kurses kommen würde, sondern sorgte sich vielmehr um deren Aufnahme im Kreis der Mitglieder. Die diesbezüglich vorhandenen Gefahren waren offensichtlich; dennoch hoffte er – in Ermangelung von Alternativen –, dass ihre Rezeption einen guten Weg gehen werde, angesichts der vollzogenen Weihnachtstagung, der laufenden esoterischen Unterweisungen, des Ernstes der geschichtlichen Lage und der gesamten Situation des Jahres 1924. «Nach einer jahrzehntelangen Vorbereitung wird aber wohl innerhalb der Anthroposophischen Gesellschaft eine wirkliche geistige Betrachtung auch über den Karmagedanken, über praktische Karmaübungen ertragen werden können, ohne dass daraus Missverständnisse und Verirrungen im Leben erwachsen.»[89] Diese «Verirrungen» standen in Beziehung zu Kräften und Mächten, denen am Bekanntwerden und

88 Ebd., S. 180 f.

89 Rudolf Steiner: *Esoterische Betrachtungen karmischer Zusammenhänge. Fünfter Band.* GA 239. Dornach ³1985, S. 59.

an der Verbreitung der von Rudolf Steiner entwickelten Inhalte nicht gelegen war, im Gegenteil. Ahriman und die «Anti-Michael-Dämonen» wirken, so Rudolf Steiner, gegen das Wissen um karmische Zusammenhänge und Wahrheiten – unter anderem durch die Verängstigung von Menschen und einer nachfolgenden Scheu, sich mit karmischen Sinnbezügen und Vorgängen überhaupt auseinanderzusetzen. Luzifer dagegen strebe mit seinen Kräften eine subjektiv verzerrte und in den Bereich des Persönlichen hineingezogene Instrumentalisierung des Themas an; er steigere die Egozentrik der Menschen, verführe zur Selbstüberhöhung, zum Dünkel und zur Prätention. Rudolf Steiner wusste von Anfang an, dass seine Karma-Vorträge von vielen Anthroposophen vollständig missverstanden werden konnten und sehr wahrscheinlich auch würden – durch die fehlende Bescheidenheit im Herzen, den mangelnden Ernst und die ungenügende innere Schulung. «Diese Dinge, die seit der Weihnachtstagung zu erörtern möglich geworden sind, diese Dinge erfordern, wenn sie im richtigen Sinne angesehen werden wollen, bei den Zuhörern wahrhaftigen Ernst, ernste Gesinnung und ein seriöses Drinnenstehen in der anthroposophischen Bewegung, denn sie können sehr leicht zu allen möglichen Frivolitäten führen.»[90] Der methodische Aufbau der Karma-Vorträge und ihre gesamte Komposition sollten bis zu einem gewissen Grade vor diesen Einflüssen schützen; auch darum begann Rudolf Steiner nicht mit dem Schicksal der «Michael-Bewegung», sondern entwickelte den Kurs in einem ruhigen, wissenschaftlichen Aufbau und schilderte über viele Wochen menschenkundlich-typologische Kräfte und Gesetze. Für die von Anfang an

90 Rudolf Steiner: *Esoterische Betrachtungen karmischer Zusammenhänge. Vierter Band.* GA 238. Dornach [6]1991, S. 39.

beabsichtigte Druckfassung und spätere Lektüre des Kurses machte er Vorgaben; er bat, so Marie Steiner-von Sivers, «dringend, die Karmavorträge nur so zu studieren, dass man mit dem ersten einleitenden Vortrage beginne, sie nur der Reihe nach durcharbeite und das Augenmerk auf die inneren Zusammenhänge, die Begründungen, das Ineinanderspiel der Verkettungen richte; alles Sensationelle in der Behandlung des Stoffs solle vermieden werden, alles persönliche Interesse ausgeschaltet werden ...»[91] Trotz all der negativen Erfahrungen setzte Rudolf Steiner noch immer auf die Möglichkeit, dass «die Dinge mit dem nötigen Ernste aufgefasst werden»[92] und es doch noch gelingen würde, «Geistesschüler auf die Bahn der Entwicklung bringen», wie er 1902 betont hatte. Diese «Bahn der Entwicklung» bedeutet den Weg zu einem tieferen Verständnis des eigenen Selbst, seiner schicksalhaften Aufgaben und Verpflichtungen, seiner Möglichkeiten, Fähigkeiten und Willenskräfte: *«Ich möchte jeden Menschen / Aus des Kosmos' Geist entzünden, / Dass er Flamme werde / Und feurig seines Wesens / Wesen entfalte ...»*[93]

---

91 Rudolf Steiner: *Esoterische Betrachtungen karmischer Zusammenhänge. Dritter Band.* GA 237. Dornach [8]1991, S. 13.

92 Ebd., 55.

93 Rudolf Steiner: *Wahrspruchworte.* GA 40. Dornach [9]2005, S. 165.

Constanza Kaliks, Dr. phil., Mathematikerin und Pädagogin, promovierte über Nikolaus von Kues. Sie gehört dem Vorstand der Allgemeinen Anthroposophischen Gesellschaft an und leitet mit ihren Kollegen die Pädagogische und Allgemeine Anthroposophische Sektion am Goetheanum (Freie Hochschule für Geisteswissenschaft).

Jan Göschel, Dr. phil., Studium der Psychologie, Pädagogik und Sonderpädagogik, promovierte in Heilpädagogik und Rehabilitationswissenschaften. Langjährig tätig in der Camphill-Bewegung in Nordamerika, u.a. als Präsident der Camphill Academy in der Entwicklung praxisintegrierter Ausbildungen und Studiengänge. Leiter der Sektion für Heilpädagogik und inklusive soziale Entwicklung am Goetheanum (Freie Hochschule für Geisteswissenschaft).

Peter Selg, Prof. Dr. med., leitet das Ita Wegman Institut für anthroposophische Grundlagenforschung (Arlesheim) und ist Mitglied des Leitungskollegiums der Allgemeinen Anthroposophischen Sektion. Er unterrichtet medizinische Anthropologie und Ethik an der Universität Witten/Herdecke und der Alanus Hochschule für Kunst und Gesellschaft in Alfter.

Constanza Kaliks | Philipp Reubke | Peter Selg

«Wahre Menschen-Erkenntnis»

Rudolf Steiners letzter pädagogischer Kurs in Stuttgart (April 1924)

Die Vorträge über «Die Methodik des Lehrens und die Lebensbedingungen des Erziehens» waren die letzten pädagogischen Beiträge Rudolf Steiners in Stuttgart; er entwickelte in ihnen zentrale Grundlagen der Waldorfpädagogik. Die «Erziehungstagung» der Freien Waldorfschule Stuttgart wurde erstmals gemeinsam vom Vorstand der Allgemeinen Anthroposophischen Gesellschaft (Goetheanum) und dem Lehrerkollegium der Stuttgarter Schule veranstaltet – die Anthroposophische Gesellschaft und das Goetheanum übernahmen Mitverantwortung für die Zukunft der Schule, im Sinne der Weihnachtstagung 1923/24.

70 Seiten, kartoniert, ISBN 978-3-7235-1767-3

VERLAG AM GOETHEANUM